RESTAURADA

KATHERINE PALACIO

Restaurada por Katherine Palacio
Publicación por PUBLIC TRANSFORMATION,
Moerkapelle, Holanda.

Copyright © 2021 Katherine Palacio,

Segunda edición diciembre 2021

ISBN: 9789493274013
NUR: 707

Public Transformation – ¡ayude a su manuscrito a transformar al público! Usted escribe su manuscrito, nosotros hacemos la edición, maquetación, diseño de la portada, promoción y lanzamiento del libro por usted. ¡Y juntos podemos lograr un impacto! Para más información visite www.publictransformation.eu

RESTAURADA

DEDICATORIA

Las líneas que a continuación leerán, están basadas en hechos reales, situaciones que me acontecieron y transformaron mi vida para siempre.

Esta obra va dedicada a todas aquellas mujeres que hoy tienen la maravillosa bendición de vivir bajo la figura del matrimonio.

A las que tienen una relación con Dios, les animo a seguir cultivándola.

Por el contrario, a aquellas mujeres que no hayan tenido un encuentro personal con Jesucristo, las invito a anhelarle, buscarle y sumergirse en su presencia.

Mi testimonio evidencia que solo a través de esta experiencia, se transforma la visión de una mujer; y que, por medio de la sabiduría y el entendimiento de Cristo, se alcanza el título de Mujer Virtuosa.

AGRADECIMIENTOS

Al Padre, al Hijo y al Espíritu Santo, un solo Dios, quien, en su misericordia y su amor, me tomó en sus brazos, consolándome y sanándome, en el momento en que todo mi alrededor fue devastado por un fuego consumidor, sin piedad alguna.

A mis Pastores Andrés Ovalles e Iris Ovalles, por sus muestras de afecto, por cada tierno abrazo, que contribuyó a erradicar el rechazo que una vez sentí, por su amor y apoyo incondicional.

A la Pareja constituida por Gary y Kenia Montoya, por sus orientaciones, valiosos consejos y amor genuino.

A mi madre, María González, por esperar pacientemente mi sanidad espiritual, para poder honrarla y amarla como merece.

AUTOBIOGRAFIA

Mi nombre es Katherine Palacio González, nací en Santa Marta, Colombia el 21 de septiembre de 1982, actualmente tengo 34 años. En el año 2002 realicé un viaje a Curazao. Esta hermosa y bendecida isla me cautivó por completo desde el mismo instante en que pisé su tierra, por lo cual decidí estabilizarme en el lugar. La acogida fue inmediata, su receptividad y aceptación fueron los elementos definitivos para echar raíces, porque nunca me sentí discriminada. Mi madre y demás familiares siguen viviendo en Colombia.

Mi desempeño laboral se ha llevado a cabo en una compañía local denominada LOVERS COMPANI, la cual produce hielo, jugos naturales empacados en cartón, leche completa, sin grasa y saborizada, yogures naturales y de frutas, helado en una amplia gama de sabores.

Soy conocedora de la Palabra de Dios, hace algunos años y precisamente dentro de una iglesia, durante la celebración de una campaña evangélica en el año 2010, conocí a mi esposo. Marcelo logró conquistarme en todos los sentidos, era el hombre ideal. Prometió amarme, cuidarme y luchar con todas sus fuerzas para construir un hogar. Desde el inicio de nuestra relación lo consideré mi amigo, mi amante, mi esposo, un hombre con un alto sentido de responsabilidad, excelente proveedor para su hogar, buen cabeza de familia, paciente, características que se establecen en la Palabra de Dios, para definir un esposo.

Mi admiración por él era ilimitada hasta el punto de llegar a la idolatría, sentía que solo podía ver a través de sus ojos. De nuestra unión matrimonial, nacieron prontamente Adonis y Sarah, mellizos, quienes en la actualidad tienen cinco años de edad. Vale la pena resaltar que tengo un hijo mayor de 16 años de nombre Dilan.

Juntos iniciamos la edificación de un hogar donde se respiraba amor y unión. No faltaban las diferencias, que daban origen a algunas discusiones, que, en varias oportunidades, por falta de sabiduría ocasionaban días de distanciamiento. Pero siempre eran superadas y terminábamos amándonos. Hasta ese momento me consideraba una mujer plena y muy feliz, sin ningún tipo de carencia afectiva ni material. Tenía la posibilidad de satisfacer cualquier capricho en compañía de mi amada familia.

Empecé a darme cuenta, de que, estaba equivocada y lo que no lograba entender en ese tiempo es que, una casa edificada con fuerzas propias, cualquier viento que arremeta con propósitos de separar, o en el peor de los casos, destruir, tendrá altas probabilidades de éxito, porque está ubicada fuera de la cobertura de Dios, la única roca indestructible.

Solo a través de Cristo y en Él, se halla la sabiduría. *"La mujer sabia edifica su casa y la necia con sus manos la derriba"* (Prov. 14-1). Este principio establecido en la Biblia, hace referencia taxativamente a la Mujer. Es una responsabilidad que reposa en ella.

INTRODUCCION

Llevaba muchos años de congregación en la iglesia, incluso había cursado estudios en el instituto bíblico por espacio de dos años, pero era una cristiana evangélica superficial, como decía Job *"de oídas le había oído"*, sin embargo, no había experimentado un encuentro directo con el Padre que está en los cielos, no había en mí, una transformación de adentro hacia afuera. Hoy reflexiono sobre ello, porque aun cuando es cierto que mi esposo y yo nos conocimos en la iglesia, éramos simples espectadores, asistíamos a la iglesia como acudir a un club.

Para entender todo esto, fue necesario atravesar un proceso muy difícil, sentir realmente que mi vida estaba destruida, que, como mujer, mi autoestima había sido pulverizada por ese gran fuego que me consumía. Con profunda tristeza medité y la realidad me invadió, no podía hacer nada desde mi condición de ser humano, mis fuerzas tenían límites, no poseía herramientas precisas para librar esta batalla. Ni siquiera tenía voluntad de salir adelante por amor a mis hijos, incluso, no sentían que ellos eran suficiente razón, aun cuando siempre estaban presentes.

Estaba perdida, decepcionada, con una herida espiritual que me estaba desangrando lentamente.

Todos estos acontecimientos desencadenaron una inquietud dentro de mi ser, y una madrugada, decidí buscar verdaderamente de Dios, anhelé estar en su presencia y logré tener un encuentro personal con Él, afortunadamente para mis hijos y para mí, pude ser restaurada.

EL FUEGO LLEGA A MI MATRIMONIO

Mi matrimonio siempre estuvo a la deriva, hoy puedo ver claramente, que fue la misericordia de Dios, lo que sostuvo por mucho tiempo mi hogar. Creo que cada día tuvimos la maravillosa oportunidad de habitar bajo la sombra protectora del Señor, permanecer unidos con hilos de amor y ofrecerle en el altar este vínculo especial.

También he entendido que el diablo no descansa y que nos convertimos en su blanco perfecto, vio en nosotros presa fácil, e inició un macabro plan de destrucción, una fulminante trampa, la cual, por un momento, hizo que me sintiera perdida y desorientada. No sentía que mi matrimonio estuviera bajo la cobertura de Dios, porque somos nosotros mismos en nuestra condición de cristianos quienes decidimos salir de esa cobertura, quedar expuestos y librar batallas sin armadura.

El resultado es desalentador, no hay estrategia de defensa adecuada, tampoco visión clara y mucho menos, esperanzas de obtener victorias, solo cansancio y agotamiento físico y espiritual.

Sin embargo, Dios me hace portadora de buenas noticias, Él me ha revelado que en sus brazos nuestras esperanzas son renovadas, las victorias están garantizadas. Aprovecho para aclarar que estas victorias no son las que idealizamos como seres humanos, llenas de emociones, solo debemos confiar, esperar en Él y todo obrará para bien.

Un día mi esposo abandonó nuestra casa, se fue a vivir con su mamá, mi suegra, cayó en un abismo espiritual llamado adulterio (relación sexual de una persona casada con otra que no es su cónyuge). Recordé cómo Dios me había advertido sobre esta situación, porque, aunque yo no estaba bajo su cobertura experimentaba su amor, *"Él aborrece el pecado, pero ama al pecador"*.

Dios a través de un sueño me mostró a mi esposo enredado en placeres paganos, atado y no oponía resistencia, más bien, disfrutaba estar atado. Fue un sueño espiritual muy claro, pero no poseía discernimiento. Ante tal advertencia, yo debía iniciar una búsqueda genuina de Dios, ser vestida por Él, de la armadura espiritual necesaria y recibir su capacitación para enfrentar esta batalla, porque no se trataba de una contienda carnal, sino una fuerte lucha espiritual contra huestes espirituales de maldad. Pero yo hice caso omiso de esa alerta.

Más tarde descubrí que no se trata del aspecto físico de una mujer o de una mujer de mejores cualidades, nada de eso. En ese momento mi autoestima estaba por el suelo, pero pude observar que mi esposo me era infiel con cualquier tipo de mujer, unas muy simples, otras realmente atractivas, algunas más jóvenes que yo, pero ninguna de ellas profesional o con la experiencia y el talento para desarrollarse productivamente en ámbito laboral y lograr destacar en este competitivo mundo. Todo esto me demostraba cuan ciego estaba mi esposo, tristemente presencié la manera como se aproximaba a la trampa que había sido preparada para acabar con nuestro matrimonio y caer en ella.

Había iniciado la guerra espiritual, sentía que mi esposo había caído en las garras del mismo satanás, el que *anda como león rugiente buscando a quien devorar*. Cuando el diablo ataca a una persona ya la ha estudiado, conoce sus debilidades, elabora un plan y lo pone en marcha con golpes certeros.

Ya él sabía que yo idolatraba a mi esposo, esa era mi gran debilidad y el arma perfecta en las manos del diablo para destruirme. Se supone que, si disparaba contra mi esposo, todos seríamos derrumbados, se cumple la Palabra de Dios, donde se nos exhorta a edificar nuestra casa sobre la roca que es Cristo. Él debió ser la cabeza de nuestra unión, el sostén de nuestro hogar, lamentablemente no era así.

Espiritualmente éramos "***una sola carne***" (Gen: 2:24). De manera que cuando mi esposo sucumbió ante la tentación, nos arrastró a mis hijos y a mí, todos fuimos afectados y manchados por el pecado. El fuego avanzaba sobre nuestro matrimonio y yo actuaba por inercia, con desesperación, lo buscaba en diferentes bares con la intención de encontrarlo, me rodeé de amistades inconversas que me acompañaban a esos lugares, empecé a consumir alcohol, vestía de manera vulgar para encajar en esos sitios e identificarme con ellos, manejaba a altas horas de la noche en estado de embriaguez y en una oportunidad hasta choqué el auto, afortunadamente solo se registraron daños materiales.

Me desgastaba cada noche, me sentía perdida, estaba ansiosa por resultados inmediatos, sentía sed de venganza, en medio de toda esa condición espiritual quería enfrentar y golpear esa mujer, por momentos creí que iba a enloquecer.

No veía la salida, decidí buscar unos amigos Kenia y Gary Montoya, les escribí por WhatsApp y ellos inmediatamente se mostraron receptivos, estuvieron dispuestos a escucharme y me dirigí hasta su casa. Al llegar no pude contener mis lágrimas, estaba muy mal. Kenia me tomó en sus brazos, me recosté sobre su hombro y lloré…lloré abiertamente, sin tapujos, sin ningún tipo de vergüenza, intentaba explicar entre sollozos lo que me estaba ocurriendo, pero no me era posible.

Al fin logré calmarme luego de tomar un vaso de agua, les expuse mi situación y ellos me orientaron sobre el mundo espiritual, se ofrecieron a ser mis padres espirituales, guiarme y ayudarme a buscar realmente de Dios para salir vencedora de esta terrible prueba. Al finalizar la conversación yo estaba más tranquila, me despedí, fui a mi casa, pero sus palabras no habían impactado mi vida, yo quería soluciones inmediatas.

La angustia nublaba mi visión por completo, me impedía ver que yo me aproximaba a un mundo oscuro. Desprecié la ayuda que me ofrecieron Kenia y Gary y opté por aliarme con supuestas amistades que no conocían a Dios, no le temían ni le respetaban y en compañía de ellas, acudí a consultar un brujo.

Cuando recuerdo ese episodio, caminando directamente a los brazos de satanás, me estremezco. Cuando me lo propusieron dudé, pero lo tomé como una buena opción y finalmente accedí.

Pienso en ese día, cuando iba en camino a esa cita, temblaba, sudaba, la sensación era extraña, algo totalmente en contra de mis creencias, pese a todo, no cambié de idea, era la ruta más fácil. Fue impactante entrar a ese lugar y estar frente a esa persona, confieso que no le dije nada, solo dejé que hablara, me resultó impresionante escuchar verdades sobre lo que estaba atravesando. En aquel tiempo pude ver que el diablo tiene poder, mas hoy entiendo que no es TODOPODEROSO.

Las tinieblas seguían apoderándose de mi casa, porque yo abrí las puertas, acepté la ayuda de ese vidente, todo lo que me sugirió, sentía la urgencia y la necesidad de cumplir a cabalidad con todo lo que me indicaba. Saliendo de allí corrí a comprar una lista de cosas que me pidió.

Cuando tuve todo, regresé a ese lugar a entregar el material para que esta persona iniciara el ritual sin demoras. Me aferré creyendo que obtendría resultados positivos y expeditos en mi matrimonio, anhelaba que mi esposo regresara a casa arrepentido con la firme intención de salvar nuestra unión, pero esto nunca sucedió, al contrario, cada noche me invadía el desánimo porque no ocurría lo que el vidente me había prometido y mi corazón esperaba ansiosamente.

Transcurrían los días, las noches de insomnio y yo había dejado de vivir para mí y para mis hijos, abundaban las lágrimas, descuidé mi apariencia física, mis hijos, mi empleo, perdí credibilidad frente a mis colegas, el dinero no me rendía, la escasez también llegó a mi casa, sufría tanto que se me notaba físicamente, fueron días largos, donde lo único que veía seguro era la puesta del sol y la salida de la luna.

Luego de algunas semanas volví a establecer contacto con Kenia, pero no lograba descansar en Dios, sencillamente buscaba sus beneficios, ahora sé que, en su perfecta voluntad, Él podía levantar bandera a mi favor. Kenia y su esposo siempre estaban dispuestos a ayudarme, me escuchaban, hacían oración por mí, sacrificaban el tiempo de su familia para traer un poco de paz a mi vida, me dieron su atención y su amor. Yo dejé de frecuentarlos, avanzaba en mi mundo oscuro, el que me ofrecía las cosas fáciles, pero que me conducía a transitar sobre mis propias cenizas, destruía mi carácter y autoestima.

En una oportunidad sostuve una conversación con mi esposo donde me insinuaba como mujer, me ofrecía, llegué al extremo de rogarle que vinera a casa a estar conmigo sexualmente y que se fuera luego. Esa era mi estrategia de hacerlo regresar a casa, engañosamente creía que estaba haciendo uso de una gran arma, hoy me avergüenzo de esa actitud.

Queda en evidencia al límite que se llega por negar la autoridad de Dios sobre nuestras vidas. Mi esposo se negó a mis deseos carnales, me humilló, me lastimó, pisoteó mi dignidad y ego de mujer y me demostró que había perdido su interés en mí como mujer.

Yo continuaba ciega paseando en el mundo de la brujería, quería que funcionara, solo deseaba a mi esposo de vuelta sin importar el precio, Estaba tan ciega que encendía velones cada noche, en mi casa y no me importaba que mi hijo Dilan los viera. Estos hechos me resultan vergonzosos y admito estar muy arrepentida. Voy a aprovechar este libro como instrumento para pedir perdón públicamente a mi hijo por todo lo que presenció.

En una oportunidad al salir de mi trabajo, fui a casa, aun confundida y orientada por el brujo, realicé una llamada telefónica a mi esposo, lo saludé, le supliqué que viniera a casa a ver a sus hijos, como era de esperarse, se negó y mi reacción fue pedirle que regresara a la casa. También se negó y añadió que jamás regresaría a la casa ni conmigo, que esa era su última y mejor decisión.

Colgó la llamada, sentía como se derrumbaba mi mundo, mi vida y mis esperanzas se venían abajo, su amor por mí había llegado a su fin. Solté mi teléfono y caí al suelo en un estado emocional que no había estado nunca, lloraba desconsoladamente, solo eso, sin pronunciar palabras, mi rostro y mi cuello era bañados por las lágrimas. En ese instante Dilan entró a la habitación y desesperado preguntó:

- ¿Qué te pasa Ma?

Lo observé y lo abracé.

- ¡Ayúdame, por favor! - le pedí desesperada.

- ¿Qué hago, ¿cómo puedo ayudarte? - me preguntó preocupado.

Reaccioné lentamente y respondí:

- ¡Sólo abrázame!

Me limité a llorar allí, abrazada a sus pies, sollozaba sin reparos, era un llanto lleno de dolor. Luego de un rato, llegó una amiga y colega, entró a mi habitación y observó el estado en que me encontraba. La abracé y ella solo me decía:

-Sé fuerte porque todo pasa y tus hijos te necesitan fuerte.

Ella había vivido una situación similar. Continuaba hablándome, al tiempo que me abrazaba:

-Tranquila Kathy. Él no merece tus lágrimas, pero si te hace sentir mejor, llora, para que tomes nuevas fuerzas.

Me sentía agotada de tanto llorar, me levanté, me fui al baño y al verme en el espejo me sentí peor, me veía realmente mal, me pregunté en el espejo.

- ¿Qué ganas con estos ataques?

No hubo respuestas. Me estaba autodestruyendo, carecía de fuerzas para decirle no al dolor, no tenía la fórmula para hacerlo. Esa tarde logré tranquilizarme, pero al caer la noche me invadió la soledad y después de que mis hijos se habían quedado dormidos, volví a llorar sin consuelo ni esperanzas.

Transcurrían los días y el panorama se tornaba más gris, descubría cosas que eran fatales para mí. Una de las noticias que más me afectó fue enterarme de que, la mujer que ahora compartía la vida con mi esposo, vivía en casa de su madre, sentía que había perdido demasiado espacio, estaba en desventaja.

Debo admitir que me deprimió muchísimo saber que su madre y demás familiares toleraban y hasta consentían todo su proceder. Me di cuenta que ellos no me aceptaban, ni me querían y me afectaba mi autoestima. La decepción y la deslealtad me quemaba muy adentro, este fuego estaba consumiendo mi vida.

Pero la pesadilla apenas iniciaba, otro episodio que me perturbó fue observar en la red social Facebook la publicación de fotos íntimas de ellos, anunciando que cumplían un mes juntos. Las imágenes eran tomadas en casa de la madre de él, en un mueble que yo le había regalado a la señora años atrás.

Mi angustia iba en aumento, eran fotos con la persona que yo amaba, mi esposo, el hombre con el que tuve la oportunidad de tener la bendición de convertirme en la madre de mis mellizos maravillosos. Experimentaba la derrota y la desolación de ver que no ocurría nada nuevo, nada de lo que anhelaba mi corazón, nada de lo que había prometido el brujo a pesar de que lo llamaba y ejercía presión sobre él. La depresión iba colmando mi ser y sentía que la tristeza sería mi compañera en esta vida para siempre.

Sorpresivamente, días después, mi esposo reapareció, pidió perdón, con lágrimas en sus ojos, aparentemente arrepentido. Quería creer que era sincero y decidí darle una oportunidad, decidí creerle, a pesar de que, no hubo abundancia de explicaciones. Me abrazaba muy fuerte y pude apreciar su dolor cuando me confesó entre dientes:

–Mi mamá no te quiere.

– ¿Cómo así? – pregunté sorprendida.

Sin embargo, se escabulló de la respuesta con un acto que me desarmó, silenció mi curiosidad con un beso.

Me entregué a él, sin reservas, sin precauciones, ni siquiera tuve temor de contraer una enfermedad de transmisión sexual, sencillamente me dispuse a desahogar mi amor reprimido por él, fue un momento especial, repetía incesantemente que me amaba, me tomaba tan fuerte en sus brazos que me dolían las costillas, pero no me quejé, no me importaba, quería atrapar cada detalle, caricia, gesto o mirada que me confirmara sus palabras. Ese momento quedo tatuado no solo en mi piel, sino en mi corazón.

Lamentablemente al abrir la puerta de la habitación se escaparon varias cosas, ese instante especial fue efímero. Él no volvió a casa, ni siquiera para brindarme una explicación. Solo se limitó a decir que eso nunca debió haber sucedido. Me consideré como una ventura para él y mi mundo terminó de derrumbarse, pero de una manera distinta, el fuego avanzaba sobre mi matrimonio arrasando todo lo que habíamos construido a base de sacrificios, la esperanza era aniquilada.

Había recibido una dosis de amor fallida, porque era un amor terrenal, el mismo que ya viene con fecha de vencimiento. He aquí, la diferencia de transitar el mundo espiritual, conocerlo y enfrentarlo, con el objetivo de anular esa preclusión, para además garantizar, que todas nuestras bendiciones permanezcan vigentes.

Quedé desconcertada cuando pocas horas después de haberse ido, supe que su amante había regresado a su país de origen por razones migratorias. Discerní en ese momento que mi lucha no era contra esa mujer, ni en contra de mi esposo…mi lucha era directamente contra satanás. Entendí que, en nuestra ignorancia espiritual, le habíamos entregado la autoridad de nuestro matrimonio y él a su vez, ya le había colocado la fecha de vencimiento.

MI LUCHA NO ERA CARNAL

Descubrir que la amante de mi esposo se había ido del país y que mi lucha no era carnal se dieron a la par. Adicionalmente inicié una serie de conjeturas en mi mente, imaginaba que si esa mujer ya no estaba presente lo más normal sería que él regresara a casa conmigo, con sus hijos, se suponía que ese era el orden natural de las cosas, porque "su entretenimiento" había desaparecido.

Desdichadamente estaba muy equivocada, no había vestigios de arrepentimiento en él, al contrario, se veía decidido a continuar con su vida llena de perversiones y vicios recorriendo bares. Específicamente frecuentaba uno en especial, se rumoraba que en ese lugar había conocido a su amante, de allí la había sacado, regresó a preguntar sobre ella y presuntamente, no le dieron buenas referencias. Esto, lejos de hacerlo reaccionar, lo cegó más y su próxima conquista fue una amiga de su ahora ex amante.

Proseguía en su vida nocturna desenfrenada, con diferentes mujeres, consumiendo alcohol hasta el amanecer. Recordé llena de amargura cuando él mismo criticaba a los hombres que se comportaban de esta manera, despreciando sus esposas, las mujeres virtuosas que esperaban por ellos en casa, gastando descuidadamente su dinero.

Eran sus palabras, mientras su mirada estaba puesta en nuestro hogar y en los conocimientos bíblicos que había adquirido. Resultaba inevitable conocer toda la situación que él atravesaba, algunas cosas eran ciertas, otras con un matiz de exageración, pero todas me condujeron a discernir espiritualmente, que existía un plan organizado por satanás con el único fin de derribar lo más preciado para Dios, la familia, no cualquier familia… mi familia. Descifrar esto fue difícil, porque no poseía las armas espirituales que requería esta lucha. La resignación se apoderó de mí; y cada día me extraviaba más.

MI ENTRADA AL TERRENO ESPIRITUAL

Necesitaba tomar decisiones y una de las más importante fue acercarme a mi amiga y hermana en Cristo, Kenia Montoya, una mujer caracterizada por la humildad, la espiritualidad, una de esas pocas personas que se encuentran en las iglesias que practican lo que predican, con un testimonio transparente. Reflexioné con respecto a las personas que habían constituido últimamente mi círculo de amistades, todas erradas. Algunas me abandonaron en mi peor momento, otras me dieron malos consejos y no faltaron las que se alegraron de mi situación.

Me invadió la vergüenza antes de buscarla, recordé que había hecho caso omiso a sus consejos, pero mi desesperación me hizo echar de lado la vergüenza y le hablé por WhatsApp, percibí su disposición inmediata, era así para la obra de Dios, me invitó a su casa y acudí al instante. Le expliqué ampliamente como se estaban desencadenando los hechos en mi vida y en la de mi esposo. No mencioné el tema de la brujería, todavía en este tema persistía la vergüenza.

Estuvimos orando en compañía de su esposo, fue un momento de paz, de desahogo y de buena consejería. Particularmente recuerdo un consejo de ellos, donde me indicaban no entregarme sexualmente a mi esposo. Estas orientaciones no coincidían con las recomendaciones de otras personas, que opinaban que yo debía complacer a mi esposo en todos los sentidos.

Me incliné por la explicación de Kenia, le di un gran valor, decía que cuando dos personas se unen sexualmente pasan a ser una sola carne y mi esposo por su conducta estaba contaminado espiritualmente. Medité en eso, no era fácil asimilarlo. Me dispuse a regresar a mi casa mucho más tranquila. Desafortunadamente el momento glorioso que había vivido en la casa de los Montoya ya formaba parte del pasado.

La Tristeza me esperaba y me tendía nuevamente sus brazos, intentaba controlarme y no abandonarme en ella, pero mis esfuerzos eran infructuosos, terminaba rendida, ahogada en ella, percibía ese olor a perdedora que emanaba de mí. Satanás me tenía atada y me mostraba mi hogar vuelto cenizas.

No puedo indicar cuanto tiempo transcurrió desde esa noche, pero una de esas tantas madrugadas que sufría insomnio salí de mi habitación a la sala, estaba en penumbra, me senté en el sofá, encendí el televisor y escuché una canción de Jesús Adrián Romero de título "Mi vida sin ti". Esta canción era significativa para mí, me la había dedicado mi esposo, mi mente se colmó de recuerdos, era nuestra historia, solo faltaba el final feliz. Lloré, otra vez lloré, pero era un llanto distinto, un llanto de recuerdos sin desesperación, no había reproches, ni reclamos, repetía la canción y lloraba.

Comprendí que habíamos salido de la cobertura de Dios, decidimos transitar el camino fácil, deleitarnos en lo terrenal, este camino era de perdición, estaba siendo redargüida por Dios y las lágrimas lavaban mi cara.

Caí de rodillas al piso, abrí mi boca y con voz firme y decidida grité ¡Dios! ¡Dios! ¡te necesito! Invoqué la presencia de Dios, me desahogué con Él como nunca lo había hecho. Hablar con Papá Dios fue y será siempre la mejor medicina. Confieso que este instante dividió mi vida en un antes y un después, en mi vida terrenal, porque daba mis primeras pisadas en el terreno espiritual.

La madrugada dio paso al alba, contemplé la salida del sol, había escuchado muchas veces que la misericordia de Dios es renovada cada mañana, en ese momento viví esa palabra en mi ser, allí postrada de rodillas en la sala de mi casa, con mi corazón humillado en la presencia de Dios, renové mi pacto con Él, pude sentir su paz; y cómo me tomaba en sus brazos con infinita ternura, además experimenté la manera como inundaba mi corazón de amor hasta rebosar.

Una clase de amor nuevo, amor por mí misma, por mis hijos, por las personas que me ayudaron y más allá por las que me perjudicaron. Fue un momento donde me confronté, asimilé que había perdido todo en el mundo terrenal, pero aun así era privilegiada, pues esta situación me condujo directo a los brazos de Dios y logré captar su atención. Se iniciaba mi restauración, el primer paso hacia adelante estaba dado, hasta ese momento, iba en reverso.

Entendí que Dios quería llenarme de su presencia, pero antes de hacerlo era necesario vaciarme de todo lo que impedía nuestro encuentro. Esa revelación fue determinante, mi copa se rebosó con la salida del sol, mi corazón y mis sentimientos fueron restaurados, recuperé mis fuerzas y me levanté en autoridad, caminé directamente hasta el altar que había levantado para idolatrar, empecé a recoger todo para tirarlo a la basura. Mientras hacía esto proclamaba la palabra de fe y alabanzas a Dios. Me sentí sucia, yo misma había traído las tinieblas a mi casa.

Cuando terminé de asear y desechar todo, volví a la sala y pedí perdón a Dios, clamé su misericordia, le pedí que limpiara mi casa, cada espacio, cada rincón. Ese clamor y esa limpieza también incluía mi corazón, porque necesitaba erradicar la maldad que se alojaba en él. La sensación de perdón inundó todo mi ser, su inmenso amor me sostenía, estuvo siempre esperando pacientemente por mí, me levantó y yo no era merecedora, me invadió el arrepentimiento por no haberlo hecho antes.

Cuando me levanté del piso, vi la sala de mi casa que esta mañana estaba iluminada en todos los sentidos, yo estaba gozosa, no se trataba de una alegría terrenal, esa es efímera. Las alabanzas impregnaban mi hogar de la presencia de Dios y en ese ambiente me dirigí a la habitación de mis hijos, los desperté y los abracé, tenía la intención de hacerles saber que su madre había estado ausente pero esta mañana Dios la había traído de vuelta, recordé cuando nacieron, el maravilloso regalo de Dios para sellar su grandeza en mi propósito de vida.

Estaba eufórica, no había dormido, pero no sentía cansancio, no tenía ojeras. Les preparé panquecas, el desayuno preferido de mis hijos, los bañé, al menos, a los mellizos, a Dilan no, por su edad podía asearse perfectamente, lo pensé y hasta me reí. Nos dispusimos a cumplir con nuestra agenda del día, llevé los mellizos a la guardería, a Dilan a su colegio y yo me fui a mi trabajo. No fue necesario maquillarme esa mañana, mi rostro portaba un brillo y una gracia extraordinaria.

Esta felicidad no pasó inadvertida para mis compañeros de trabajo, estaba eufórica, el tiempo parecía correr. Ellos desconocían la razón, ignoraban que el Espíritu Santo había iniciado su obra en mi corazón, al tiempo que yo le invité, como caballero esperó por mí y mientras tanto me guardó. Fue un día productivo, busqué mis hijos temprano, jugué con ellos en un trampolín, inclusive, el perro intervino en nuestros juegos, ni siquiera los zancudos lograron incomodarme. Los observaba con amor, pude notar sus avances.

Era una sensación rara, como si hubiera despertado de un coma profundo, los había extrañado, disfruté de los pequeños y los grandes detalles de mis hijos, su sonrisa, la música de sus labios al pronunciar la palabra "mamá", estaba extasiada, agradeciendo una de las grandes maravillas que Dios me había entregado. Los planes de satanás en mi vida se estaban desmoronando, quería mantenerme ciega y distraída, pero el Espíritu Santo me había despertado.

Hasta ese momento podía percibir el fuego amenazador, pero aprendí que no hay pruebas en forma de fuego que no podamos soportar, era cuestión de confiar en Dios, de decidir abandonarme en sus brazos y que toda esta crisis podía extraer lo mejor de mí.

Regresamos a casa en un ambiente de celebración, acompañados de una impresionante luna, estábamos exhaustos, tomamos un baño todos juntos, nuestros cuerpos desprendían todo el sudor y el sucio acumulado en el juego, era la fiesta de la vida y del agradecimiento. Cenamos juntos y nos fuimos a la cama totalmente agotados, pero felices. A partir de esta noche dispuse en mi corazón orar en familia, antes de dormir, sentir la unidad de Cristo a través de la oración.

DE igual manera, al día siguiente procuré levantarme más temprano para dedicar las primicias de mi día a Dios, hacer el hábito, crear la conexión con el Dador de la vida y fortalecerla. Recuerdo puntualmente que era día jueves y anhelaba que llegara el domingo, quería congregarme, pero no sabía adónde ir. No me afanaba, sabía que Dios dispondría todas las cosas de la mejor manera.

Cobraba conciencia de que, había escalado un nivel superior, portaba la armadura indestructible de Dios, satanás estaba en desventaja, pero **"no podía ignorar sus maquinaciones"**. Sólo debía cuidar mi relación con Dios, de esta manera, el vallado de ángeles que había sido enviado por Él, a mi casa y a mi vida era impenetrable, yo estaba confiada, no esperaba en otro dios, mi Dios es y será, el autor y consumador de la fe.

Los días transcurrían en un clima de armonía, reinaba la presencia de Dios, cuando mis fuerzas disminuían y la tristeza se asomaba, me refugiaba en la alabanza. Cuando llegó el día domingo me sentí confrontada, a simple vista podía resultar fácil decidir adonde dirigirme. En el plano espiritual no era así, existían trasfondos. No era fácil regresar a la iglesia donde me acogían y me ayudaron a crecer espiritualmente, me invadían pensamientos muy negativos, imaginaba las personas señalándome, incluso burlándose, de mi sufrimiento, emitiendo comentarios despectivos alusivos al hecho de que yo regresaba porque mi esposo me había abandonado.

Me repetía mentalmente, que no debía regresar allí y empecé la búsqueda de otras iglesias, sus horarios y direcciones. Visité en la primera oportunidad una, pero no me sentí a gusto. Luego en compañía de una amiga acudí dos veces a otra, allí me sentí mejor, pero el tercer domingo pasó algo inexplicable, repentinamente decidí regresar a mi iglesia madre, al lugar donde Dios me había plantado y por razones carnales yo misma me había desarraigado, en ese momento discerní que todo mi proceso era consecuencia de esta acción.

Reconocí que la forma ideal de avanzar espiritualmente, era volver a la tierra adonde pertenecía. Adicionalmente comprendí que se trataba de una lucha contra mi carne, hasta me inventé un lema "Carne no colabores", era una manera de reprender, de sujetar mi humanidad en contra de la obra del Espíritu Santo en mi existencia. Durante una semana oré antes de regresar a mi iglesia, en reiteradas ocasiones pronunciaba "Carne no colabores" y *"todo lo puedo en Cristo que me fortalece" (fil. 4:13)*.

Todo esto ocurría mientras yo era transformada, ya no mostraba mi rostro de sufrimiento, la tristeza se había marchado de mi casa, mis hijos estaban felices. Dilan ya no se notaba tan preocupado por su madre. En mi dolor olvidaba que él también me necesitaba.

Escalé al segundo nivel de este proceso al darme cuenta de que satanás disparaba dardos a mi mente para evitar que yo me hiciera presente en mi congregación. Finalmente llegó el domingo, nos levantamos temprano, nos arreglamos y nos fuimos a la iglesia. Confieso que estaba asustada y hasta sentía vergüenza, porque satanás no descansa, sabía perfectamente que estaba cruzando una línea peligrosa para él.

Nos ubicamos relativamente cerca del altar, agradecí de rodillas a Dios por darme esa pequeña victoria de poder llegar ahí, significaba un triunfo para mí, había luchada contra de mi carne, pero Dios me había fortalecido y había logrado vencer las mentiras de satanás. Estaba sentada cuando se acercó una hermana y me hizo un comentario que tomé de la peor manera, me enfadó y me hizo entristecer. Dudé si ese era el lugar donde debía prepárame espiritualmente, sentí ganas de irme a casa y perdí la concentración en el mensaje.

Cuando el servicio finalizó tenía la firme intención de tomar mis hijos e irme directamente a mi casa, sin embargo, muchos hermanos obstaculizaron mi salida saludando y dándome la bienvenida. Cuando estaba muy cerca de la puerta fui sorprendida a mis espaldas, volteé y vi a mi pastora Iris de Ovalles, me dio un abrazo especial, no se excedió en palabras, fue directa.

–Dios te bendiga, bienvenida a tu casa– expresó tajantemente.

No hacían falta las palabras, ese abrazo contenía todo, pude sentir su amor, su deseo de cuidar de mí. Ya no importaba lo que había pasado, lo realmente importante es que yo estaba en el mejor lugar del mundo, era la obra de Dios dándome su paz, su seguridad, confirmándome que ese era mi lugar, allí debía retomar mi viaje con Él.

Desde ese momento se disiparon las dudas y se esfumaron los temores, sigo plantada hasta la fecha en esta iglesia, pastoreada por Andrés e Iris Ovalles, mis padres espirituales. Dios tenía grandes planes para mi vida, sólo era cuestión de escudriñar su palabra, obtener discernimiento para hacer posible el complemento de su obra en mí. Retorné a mi casa con una alegría natural, sentía confianza en Dios, sabía que restaba un largo camino por recorrer, pero iba tomada de su mano, de mi dueño, mi creador, mi Padre Celestial.

En los días sucesivos hablé con mis pastores, les relaté todo lo que me acontecía, ellos fueron de una opinión similar a la del matrimonio Montoya. Mucha oración, la búsqueda incesante de Dios, *"buscad primeramente el reino de Dios"* ()

-Ocúpate de las cosas de Papá Dios y Él se encargará de las tuyas- era lo que me aconsejaban.

Mi anhelo luego de congregarme, era ser miembro activo, pero requería que antes diera frutos. Necesitaba desarrollar una relación íntima con Dios y lo hice, di el paso de reconciliación, mis pastores oraron por mí; y puedo sentir que hasta el día de hoy sus oraciones me acompañan.

Pasaban los días y surgía en mí un deseo vehemente de conocer a Dios, me adueñé del versículo del libro de Jeremías 33:3 *"clama a mí, y te responderé y te enseñare cosas grandes y ocultas que tú no sabes"*. Me aferré a esta promesa, se convirtió en mi llave para acercarme a Dios en oración. Hoy admito que este libro que escribo es producto de mi fe, confío en que como ha bendecido mi vida, lo será en la vida de muchas personas, porque el que obró en mí, tiene el poder para hacer las mismas cosas y aún mayores en los que dispongan su voluntad.

Mi fortaleza y crecimiento espiritual iban en aumento, a medida que los días pasaban. Tuve la inquietud de comenzar una reunión todos los lunes para orar en mi casa. Fueron días de bendición para mi vida, agradezco a mis hermanos espirituales que puntualmente asistían. Este tiempo con Dios era muy necesario para mí, porque crecer en Cristo significa trepar más alto cada día y eso conlleva a luchas y pruebas más difíciles.

No puedo recordar exactamente el momento en que dejé de interesarme en lo que mi esposo hacía, pero sucedió. Aumentaba mi confianza en Dios y disminuía mi ansiedad, a través de la oración. Persistían las amistades que se me acercaban a querer informar sobre su vida, pero yo había decidido desechar todo lo que me hiciera daño, sorprendentemente asumí esa actitud sin esfuerzo, descansaba en la presencia de Dios y lo lograba. Lo único que aún me inquietaba era que él seguía distante de sus hijos, pero esa área también la dejaba al control de Dios, solo Él podía transformar su corazón.

Mi búsqueda de Dios continuaba y una noche, tiempo después, mi esposo regresó a casa, llegó muy ebrio, antes de llegar me envío un WhatsApp donde me pedía que lo ayudara a salir del abismo en que había caído. Me abrazaba fuertemente y me repetía al oído que siempre sería su esposa, me acariciaba y se despertó una urgencia en mi por él. Nuevamente fui presa del deseo y sucumbí ante él.

Hicimos el amor en repetidas ocasiones hasta convertirnos en uno solo, era hermosos escuchar decir que me amaba y que no había otra mujer como yo, que me necesitaba y que a pesar de que, su madre no me quería, nada podía cambiar sus sentimientos hacia mí. Sus abrazos eran efusivos, sus besos recorrían mi cuerpo. Al fin nos quedamos dormidos, pero toda la noche los escuché susurrando en sueños:

- Cuchitina te amo.

Cuchitina era el nombre que usaba para dirigirse a mí desde el principio de nuestra relación, era una expresión de amor. Me impresionaba que aún dormido repitiera que me amaba, me pidió perdón y yo lo besé con tal profundidad que lograba sacarlo de sus sueños y le pedía que me hiciera suya como nunca y así, exactamente sucedió. El agotamiento nos venció y al amanecer día sábado, yo debía asistir a mi trabajo. Antes de irme, tomé una ducha, preparé desayuno y lo compartimos en la cama.

Cuando los niños despertaron, ignoraban que su padre estaba en casa, al verlo se llenaron de felicidad, se subieron a la cama y jugamos por un largo rato. Fueron momentos de calidad. Antes de despedirnos me dijo que iría casa de su madre a recoger sus pertenencias para traerlas a casa, eso me produjo una profunda alegría, también me dio dinero para comprarle unos bolsos a los mellizos que necesitaban para usarlos en la guardería.

Me dio un beso profundo que despertó todos mis sentidos y nos dispusimos a cumplir con las responsabilidades, finalmente debíamos cumplir con nuestros compromisos laborales, yo acudí a la oficina y él, a su vez, tenía un trabajo pendiente, para el cual, le pidió a Dilan que lo acompañara.

Llevé los mellizos conmigo a mi trabajo, pero regresamos temprano, preparé un almuerzo delicioso y cuando todos estuvimos juntos, lo serví, había un ambiente familiar. A mi esposo le encantó la comida, de hecho, hizo el comentario de que, en casa de su mamá cocinaban con mucha grasa. Cerró el tema diciendo:

-Te luciste- me sentí feliz, porque era justo lo que quería escuchar.

Al terminar limpié la cocina y le ofrecí postre, pero no quiso. Dijo que saldría y que regresaría pronto, también aprovecharía de traer las cosas de casa de su madre. Dilan se fue a descansar y yo me dediqué a escuchar música, específicamente, alabanzas. Quería agradecer a Dios por tan hermoso milagro, nuevamente éramos una familia.

Las horas avanzaban y yo no sabía nada de mi esposo. Mantuve la calma, pero me tentaba la idea de llamarlo. Reflexionaba y no quería agobiarlo. Había caído la noche cuando recibí un mensaje por WhatsApp. Era de él, de mi esposo. Básicamente me pedía perdón por haber venido a casa, además expresaba su convicción de que lo nuestro no tenía futuro y que prefería dejarme libre para que yo buscara mi felicidad junto a otro hombre.

No voy a negar que esta acción representó un duro golpe para mí, logró desestabilizarme por completo. Nuevamente las lágrimas eran mis compañeras y no reprimí el deseo de gritar.

- ¿Qué te pasa? - lo confronté- ¿Por qué me envías ese mensaje después de la noche maravillosa que pasamos, después de tantas promesas? ¿Acaso no te das cuenta que me estás matando? No entiendo por qué me haces esto.

-No sé qué me pasa- respondió evasivo- creo que esta relación no da para más, siempre serán especiales para mí, pero puedes encontrar a alguien que te haga realmente feliz, alguien mejor que yo.

Me sentí indignada, humillada y seguí enfrentándolo.

-No puedo creer que digas esto- había amargura en mi voz- quisiera que me explicaras de qué se trata todo esto. ¿Es acaso una venganza? Ni siquiera puedes venir a dar las explicaciones personalmente. Eres un cobarde, no mereces una mujer como yo, mi amor te quedó grande. Ojalá Dios tenga misericordia de ti.

Colgué el teléfono. Estaba enojada y triste, no asimilaba su desprecio y su burla. Decidí llamar a Kenia y contarle lo sucedido. Vía telefónica oraron por mí y se les notaba su preocupación. Me desahogué con ellos y después de la oración sentí paz.

Cuando colgué el teléfono, lloré otra vez, como tantas otras veces, escuchaba alabanzas y simultáneamente le reclamaba a Dios el porqué de la burla y la humillación que estaba atravesando, era como regresar al punto de partida de todo mi problema, sentía como si impotencia con Dios, no entendía su negativa para defenderme como mi Padre.

Nuevamente mi hijo Dilan era testigo silencioso de toda mi desdicha. Yo no le decía nada, pero él se daba cuenta de todo y también entristecía. Finalmente, el sueño me venció y al despertar al día siguiente, seguí con mis oraciones, absolutamente consciente de que, era el único medio para fortalecer mi relación con Dios, era la única fuente de mis fuerzas, las cuales, con este duro golpe estaban en decadencia.

Era domingo y a pesar de que, la desesperanza quería apoderarse nuevamente de mí, decidí ir a la iglesia. Mi mejor actitud era adorar a Dios en medio de esa herida, no estaba dispuesta a apartarme del camino, no renunciaba a mi viaje con Él, al contrario, esta artimaña de satanás solo logró empujarme a sus brazos.

Retumbaba en mi mente el versículo *"Cuando pases por el fuego, no te quemaras, ni la llama arderá en ti"* (Isaías 43:2). Medité en ello y comprendí que no vamos a estar exentos de atravesar muchas pruebas en nuestra vida de fe, sin embargo, sí perseveramos, Dios nos promete la victoria, en esta oportunidad estaba convencida de eso. De nuevo, la palabra fuego era la revelación de este proceso que estaba viviendo.

Llegué a casa renovada y fortalecida para mi propio asombro. Hablé con Dilan y le expliqué todo lo sucedido, pude notar su contrariedad y resentimiento, pero sabía que era temporal, confiaba en que el corazón de mi hijo también estaba siendo tratado por Dios y donde habita la presencia de Dios no hay espacio para rencores, además le expliqué que todos esos malos sentimientos estorban nuestra vida espiritual y entorpecen las oraciones.

El tiempo transcurría, no sabía nada de mi esposo, ni siquiera se acercaba para saber de sus hijos. Yo, lejos de buscarlo, me dedicaba a buscar de Dios, los cultos de los lunes continuaban en mi casa, realizaba mis matutinos y me congregaba en mi iglesia. Me deleitaba en el fuego espiritual que estaba experimentando. Nunca dejé de orar por mi matrimonio, le clamaba a Dios para que rompiera cualquier atadura que satanás tuviera sobre mi esposo, también para que se deshiciera cualquier plan del enemigo y su acción quedar inoperante en nuestras vidas.

Inicié los ayunos (abstinencia de ingerir alimentos) y hasta el día de hoy puedo dar fe de que han sido de bendición para mi fortalecimiento espiritual, la manera como puedo sentir la sombra protectora de Dios y su favor volcado sobre mi ser. Mi casa se convirtió en la morada de Dios y sin ánimos de vanagloriarme, porque la Gloria solo le pertenece a Dios, en diversas oportunidades, los hermanos de la iglesia expresaban comentaron sobre ese hecho.

-Hermana- me decían- usted ora mucho aquí, porque se siente la presencia de Dios.

Entendí que *lo que hacemos en lo secreto Dios lo recompensa en público* (Mateo 6:4), pero no estaba conforme, con lo que hasta ahí había experimentado con Dios, yo quería más, conocerle, escalar peldaños, vivir lo esa experiencia intima, a solas con El, y esa fue la llave de mi crecimiento espiritual.

Mis mellizos progresaban en su desarrollo, culminaron exitosamente su etapa de educación inicial y se hizo una ceremonia de graduación de kínder. Fue un acto sencillo y hermoso donde afortunadamente pude dar unas palabras y exaltar el Nombre Dios, atribuirle todo Gloria y Honra, no podía ser de otra manera, *"de la abundancia del corazón habla la boca"* (Mateo 12:34). Mi esposo fue el gran ausente debido a su vida agitada, sin embargo, estábamos felices, fuimos a comer pizza, el auto tenía una decoración alusiva al tema con globos y stickers y también pasamos por la iglesia para que oraran por ellos.

Estaba en un proceso de aprendizaje, y estaba aprendiendo a no contar mis problemas a terceros, hoy agradezco encarecidamente a todos los hermanos que se acercaron a mí para apoyarme; pero entendí que Dios se basta a sí mismo, que solo en su regazo hay sanidad, que viviendo su Palabra, lo que establece la Biblia es suficiente. Porque hay una realidad ineludible, en las iglesias conjuntamente con el trigo, crece la cizaña, esas personas que no han experimentado un arrepentimiento real y que no quieren morir a la carnalidad. Todo cobraba sentido, *"para los que aman a Dios todo obra para bien"* (Romanos 8:28).

Amar a Dios implica, doblegar la carne para darle lugar al espíritu, es vivir en obediencia, conocer su palabra, agradarlo en todo, sólo así, se desata la bendición. Dios tiene un área en tu vida donde quiere formarte, pero antes, debe procesarte. El tiempo no se detenía, ni las maravillas de Dios tampoco, mi confianza en él se acrecentaba, lo percibía a mi lado, y me sentía con una percepción inmensa, y se debía a que El estaba de mi lado. *"Más grande es Él, que el que está en el mundo"* (1 Juan 4:4).

Dilan terminó sus estudios y pasaba a la etapa de la escuela técnica, ese hecho también me dio muchísima satisfacción, llenándome de orgullo.

Un mes y dos semanas era el tiempo que cumplía mi esposo luego de su última estadía en mi casa, cuando reapareció. No me fue posible controlar los latidos de mi corazón, lo seguía amando, era un sentimiento aletargado, pero estaba despertando. Simplemente conversamos:

-Buenos días- me atreví a decir.

-Buenos días, ¿cómo estás? - respondió él.

-Excelente, gracias a Dios ¿y tú? - fue mi respuesta.

-Bien, aquí luchando- sospeché que se refería a su tentación por las mujeres, sin embargo, no hice ningún comentario.

-ok, cuéntame- dije a manera de continuar con la conversación y saber a qué se debía su repentina aparición.

-Quería saber de ti- dijo. Me sentí nerviosa

-ok, estoy bien- agregué secamente

-Quería preguntarte si nosotros tenemos esperanzas.

Esta interrogante me paralizó, me faltaba el aliento, dudé mucho, pero al fin contesté

-Es un tema que debemos hablar personalmente.

-ok, yo paso en la tarde por tu casa- añadió mi esposo.

-Está bien, te esperamos- atiné a contestar, intentando no hacer evidente mi nerviosismo.

Cuando terminó la conversación sentía mi respiración acelerada, mi cerebro repetía su nombre, no entendía qué había pasado, anhelaba verlo, me asaltaron las dudas. Recobré la cordura y volví el lugar a Dios en mis pensamientos, hablé con Él, quería que me respondiera por qué no me había advertido de esta llamada y sobre lo que debería hacer. En su presencia, mi angustia desapareció, dejé el asunto en sus manos y yo continué con mis responsabilidades.

Al caer la tarde estaba tranquila, me tomé el tiempo para hablar con los niños en la terraza. Había un viento fresco que acariciaba mi cabello. Llegó en el vehículo de trabajo, los niños corrieron felices a recibirlo, me sentía conmovida, pero mentalmente estaba conectada con Dios, preparaba el terreno espiritual para el momento en el que se aproximara a mí.

–Buenas tarde–saludó al entrar.

–Buenas tardes, Dios te bendiga; siéntate– le sugerí al tiempo que le ofrecía un asiento.

Se sentó sin pensarlo y transcurrió un momento de incómodo silencio que yo decidí romper.

–¿Querías hablar?–pregunté– por favor, hagámoslo.

–Sí, quería preguntarte si crees que hay esperanzas para nosotros–atinó a decir. Pude observar una sombra de duda en sus ojos.

Me costaba tragar mi saliva, pero al lograrlo contesté tajantemente

–Esto solo tiene esperanzas si le damos el primer lugar a Dios. Solo Él puede restaurar nuestro matrimonio.

–Es cierto– consintió mi esposo– yo quiero ir a la iglesia, pero dame tiempo.

Seguí con mi tono de voz suave, pero contundente.

–Toma el tiempo que consideres necesario, pero recuerda que sin Dios nada somos y nada podemos lograr. Con nuestras fuerzas lo hemos intentado muchas veces y solo confirmamos que sin Él no hay esperanzas, y con nuestras fuerzas, no llegamos lejos.

–Lo sé– respondió brevemente.

No percibía sinceridad en sus palabras, tenía la certeza de que algo no estaba bien, a pesar de eso, opté por darle su espacio.

De repente me percaté que tenía puesto el anillo de matrimonio y se lo comenté.

–Tienes puesto el anillo de matrimonio– le dije mostrando mi sorpresa.

–¡Sí!–respondió firmemente– te dije que quiero subirme a este barco de nuevo, y hacer todo mi esfuerzo para que funcione.

Estas palabras marcaron mi vida, se parecían a nuestra historia de amor; y además, lo sentí sincero.

– ¡Qué bueno! – dije tratando de parecer calmada– ¿Qué te hizo regresar?

– Me cansé de la calle, me di cuenta que no hay nada bueno y esas mujeres están locas todas. – fue su escueta respuesta.

Quise indagar un poco más...

—Y ¿cómo te diste cuenta de eso? – continué preguntando.

Ante esta interrogante guardó silencio por un largo tiempo, Al fin respondió

—Bueno, el gasto excesivo de dinero, ninguna de esas mujeres piensa en serio, para ellas todo es pasajero, todo es diversión.

—Ok— mi expresión era distante. Él debió darse cuenta porque me preguntó:

— ¿Qué te pasa?

—Nada, solo me duele un poco la cabeza. Es muy posible que sea a causa del cansancio o del sol. –respondí.

—Tómate una pastilla— fue su sugerencia.

—No tengo— estaba diciendo la verdad.

—¿Quieres que vayamos a comprar?–me preguntó.

—Si, pero tú manejas– contesté sin titubear.

Nos fuimos con los niños, Dilan se quedó en casa. Antes de irnos, mi esposo tuvo una breve conversación con él, yo no logré escuchar. En el trayecto a la farmacia solo hablamos de los niños y pude notar en ellos una gran felicidad, ahora estaba consciente de cuánto extrañan a su padre.

En la farmacia fue él quien realizó las compras y cuando regresamos a casa me sorprendió ver todas sus pertenencias en la sala, enseguida deduje que esa fue la petición que hizo a Dilan antes de salir, que lo ayudara a bajar sus cosas del auto. Recordé que me había dicho que si regresaba a casa lo haría del todo y con la absoluta seguridad de permanecer a nuestro lado a pesar de cualquier circunstancia.

Vino a mi lado con un vaso de agua y la pastilla la cual tomé con una sonrisa, el malestar había desaparecido. Evoqué lo especial y atento que siempre fue con nosotros. Se retiró a la habitación diciendo que estaba cansado, yo le comuniqué que iba a la iglesia ante lo cual trató de que desistiera de ir.

No suspendí mi visita al servicio, al contrario, alisté mis hijos para dormir y luego de arreglarme me fui. Disfruté ir a la congregación, incluso cuando terminó me ofrecí para llevar a algunos hermanos a sus respectivas casas y hasta acepté la invitación de visitarlos. Me confronté sobre el hecho de querer evadir mi regreso a casa.

Justamente pensaba en eso, cuando recibí una llamada de mi esposo., quien muy directo pregunto, quería saber si tardas, le respondí que no. Pensé emocionada que él me esperaba en casa. Me despedí de mis hermanos y emprendí mi regreso a casa.

Al llegar observé a Dilan jugando playstation, recorrí la casa, fui al cuarto de los niños a supervisar que todo estuviera en orden. Mi esposo estaba dormido, sigilosamente me puse mi pijama y me acosté cuidadosamente sin intenciones de despertarlo, pero sentí sus brazos rodeándome, me expresaba que estaba feliz de estar nuevamente en casa, que agradecía todas mis oraciones porque estaba seguro de que Dios lo había guardado en muchas ocasiones, en respuesta a ellas.

Le pedí que me contara todo cuánto había acontecido durante nuestra separación. Narró todo muy calmado:

-Básicamente, llevé a esa mujer a casa de mi mamá por unos días, porque el sitio donde vivía tuvo un inconveniente. Ella me atendió bien, colaboraba con el orden de la casa y en otras obligaciones domésticas, a pesar de eso, yo sentía que me faltaba algo, estaba incompleto. Mi mamá la aceptó en su casa porque no te quiere.

Recordé que ya me lo había dicho anteriormente.

Luego de esa mujer no tuve a nadie establemente, las demás fueron solo amigas- siguió contando.

Me mostró algunas fotos de ellas y ofreció borrarlas. Yo me limité a decir que era su decisión. Pude advertir su negativa de seguir con el tema, de manera que no insistí.

-¿Has estado íntimamente con alguien?-su pregunta fue inesperada, pero no me sorprendió.

-No- respondí- no he estado con nadie más. Siempre me cuidé de que me involucraran con algún hombre, de esta forma se evitan los malos entendidos. Aproveche esta pregunta para aclararle uno de mis puntos no discutibles.

Quiero decirte que no quiero tener relaciones sexuales contigo hasta ver frutos de arrepentimiento en ti y además quiero que te hagas un examen para descartar enfermedades de transmisión sexual.

Ante este planteamiento me aclaró que jamás tuvo intimidad sin protección, pero como me vio firme en mi petición, aceptó.

Después de esta breve charla se tornó cariñoso, me abrazaba muy fuerte y me decía dulces palabras de amor. Me sentía aturdida, quería decirle que lo amaba como el primer día, anhelaba abrazarlo, pero decidí ser fuerte por amor a mí misma, por darme el valor que merecía. Sólo le expresé cuánto lo amaba y le reiteré el amor de Dios hacia él, hice énfasis en el hecho de que a Nuestro Padre no le importa nuestro pasado. Antes de dormir, me arrodillé a orar.

Fue una hermosa noche, cada vez que despertaba sentía su abrazo, me tenía atada a él y si yo me deslizaba se aferraba a mí nuevamente. Estaba dichosa, mi esposo había regresado, el hombre amable y protector estaba de vuelta.

Esa madrugada me escabullí de sus brazos y acudí a la sala. Allí agradecí a Dios en medio de un llanto de agradecimiento, fui a su presencia a estar en intimidad con Él, canté alabanzas y cuando ese encuentro terminó retorné al cuarto y me quedé profundamente dormida.

El alba hizo su entrada, era sábado, al despertar tomé conciencia de lo sucedido, estaba incrédula ante esta felicidad, me arrodillé y agradecí a Dios por este hermoso amanecer, por el regreso de mi esposo. Oré por él, lo bendije, declaré Palabras de Dios sobre su vida y sobre nuestro hogar.

Respiraba otra vez ese clima de unidad en mi casa. Los niños se mostraban efusivos, disfrutaban la presencia de su papá. Después de preparar el desayuno y tomarlo en familia acudí a mi trabajo no si antes despedirme de todos. Mi esposo me comunicó que tenía que cubrir algunas emergencias en su trabajo. En el recorrido hacia mi trabajo le escribí a Kenia, le relaté todo lo que había pasado. Ella mostró su felicidad sincera, pero a su vez me advirtió que cuidara mi corazón.

Estar dedicada a mis obligaciones laborales no impedían que me sintiera extraña. Me acerqué a una compañera, mi amiga y colega. Una excelente persona a la cual le agradezco mucho por animarme en los momentos más duros que viví. Le conté todo. No pudo disimular la alegría que la invadió, me invitó a desayunar en la cafetería y allí le di detalles de los hechos.

-Kathy- me dijo- si lo recibiste en casa, espero que hagas tu mejor esfuerzo para restaurar tu matrimonio, perdona de corazón y olvida todo lo que un día les hizo daño. Persevera en el camino de Dios, porque librar esta batalla sin Él es imposible.

Esas palabras me parecieron determinantes y sabias. Admito que, hasta el día de hoy, las atesoro en mi corazón.

Compartimos un excelente receso juntas. Estaba todavía en su compañía cuando recibí una llamada telefónica de mi esposo. La emoción que sentí era similar a la de una adolescente, extrañaba esta sensación, no podía adjudicarle otra palabra, era amor.

-Hola- Contesté la llamada con voz sensual.

-Hola mi cuchitina, ¿cómo vas? - preguntó.

-Excelente mi cuchitín- respondí feliz y le pregunté- ¿me extrañas?

-Mucho-dijo enseguida- te llamo para comunicarte que debo ir a asistir una emergencia de trabajo. Ya voy saliendo, ¿te demoras?

-Está bien mi cuchitín. No hay problema, cuídate mucho. Apenas salga de aquí iré a casa inmediatamente para ver los niños, te amo…besos.

-Ok mami- se despidió-chao, besos.

Cuando colgué el teléfono estaba extasiada, sentir su respiración a través del auricular se convirtió en un placer para mí.

Al culminar mi jornada laboral fui a casa. Mis hijos me esperaban, les dediqué tiempo, los consentí. Me sentía feliz, me provocó prepara algo especial para la comida y así lo hice. Cuando estaba terminando mis labores culinarias recibí otra llamada y nuevamente sentí esa emoción de estar no solo enamorada, sino correspondida por mi esposo.

-Hola mi cuchitín amado- saludé- ¿cómo vas?

-Bien y ¿ustedes?

-Felices- expresé sinceramente-esperando por ti. Ya está lista la comida y te adelanto que quedó deliciosa.

-Hmmm qué rico- lo escuché imaginando la expresión de su rostro- estoy muy cerca, casi llegando a casa. ¿Necesitas algo?

-Si- manifesté- ¡a ti! - Y me reí.

-Ok, ya llego- finalizó la conversación.

Medité en la importancia de la comunicación de la vida en pareja.

Luego de tomar los alimentos en familia, como antes, limpié la cocina y nos dispusimos a descansar un rato. Resultaba tentador estar bajo sus caricias, me agradaba ser deseada por mi esposo, sin embargo. se encendían las alarmas espirituales, debía esperar que mostrara cambios y los resultados de los exámenes que le había solicitado.

Me cuestionó y me exigió explicaciones sobre mi empeño en mantenerme en abstinencia, alegando que no era pecado, porque yo era su esposa. Me tomé el tiempo prudente para explicarle.

–Recuerdas cuando estuviste aquí la última vez? Es cierto, disfrutamos del sexo juntos, no puedo negarlo, pero se convirtió en un momento de placer físico, carecía de compromiso. Salí muy herida, debo ser precavida, además no tengo garantías de que hayas tenido sexo sin protección.

Me repitió que antes no se sentía preparado para regresar y retomar su rol como mi esposo, pero que ahora era distinto. Había subido a este barco y estaba dispuesto hacer el mayor esfuerzo por recuperar su hogar, su familia por el hecho de amarnos. Además, prometió no irse nunca más.

Estaba conmovida al escucharlo hablar así, sentí el impulso de abrazarlo, besarlo y entregarme a él, sin embargo, reprimí mis deseos, enfrenté mi carne y Dios me dio la victoria. En mis oraciones le hablaba a Dios de ese tema, y le manifestaba puntualmente

–Padre, si es tu voluntad que mi esposo esté aquí con nosotros, la intimidad no será un obstáculo.

Le hice un masaje en los pies y se quedó dormido, yo me reía al ver sus dedos, siempre le hice saber lo horrible que son. Tome tiempo y lo observé, lo amaba tanto. Era un amor transparente, no dependía de un efímero momento sexual, se trataba de que él recibiera revelación de Dios de unirse como mi compañero de viaje en el transitar de este camino que es Jesucristo. Que juntos sirviéramos a Dios, glorificáramos su Nombre con la restauración de nuestro matrimonio, convirtiéndonos en un testimonio para ayuda de muchos, ese era mi mayor anhelo, ser de ejemplo a otros.

Disertaba mentalmente en todo esto cuando el sueño me venció. Al despertar recordé que los niños estaban invitados a una fiesta infantil. Me dispuse a prepararlos y me fui sola con ellos porque mi esposo rechazó ir con nosotros, alegando que debía hacer una diligencia. No quise ahondar en el tema para no caer en polémicas, creí conveniente respetar su espacio. Disfrutamos intensamente de la fiesta y a nuestro regreso, los niños corrieron a la habitación a compartir con su padre. Allí estaba esperándonos, juntos acostamos los niños y después de conversar con Dilan sobre futbol, otra vez quedamos solos en la habitación. Lo contemplaba y agradecí a Dios por él. El silencio tomó protagonismo, pero al rato mi esposo lo rompió:

-Abrázame- me pidió.

Lo abracé con infinita ternura.

- ¿En qué piensas? - me preguntó.

- ¡En ti! - respondí al tiempo que me ruborizaba.

- ¿En mí? - insistió- ¿Qué tanto?

-estoy feliz y agradecida con Dios porque tú estás aquí.

- Ok- asintió- bésame.

Mi garganta quedó seca ante esa exigencia. Humedecí mis labios y lo besé dulcemente, traté de besarlo traviesamente, pero recordé mis condiciones. Era muy difícil controlar este deseo, pero corté este momento abruptamente.

- ¿Qué sucede? - interrogó mirándome fijamente.

-Nada- respondí evasiva- solo que quiero que me cuentes ¿cómo te va en el trabajo?

- ¿Justo ahora? - interrogó extrañado- bueno todo va bien, muchos proyectos por ejecutar.

- ¡Qué bueno! – exclamé y acto seguido le hice una pregunta que había estado en mi mente en las últimas horas- ¿tu jefe sabe que nosotros estamos separados?

– ¡Sí! – respondió secamente.

– ¿Quién le dijo? – seguí con la curiosidad.

–Yo hablé con él.

Esa respuesta me tomó por sorpresa. Muchos pensamientos se agolparon en mi mente. Pensé en las decisiones que él había tomado al haberse ido de nuestra casa y lo resuelto que estaba en la separación.

Despreocupadamente, él volvió a tomarme entre sus brazos, había urgencia en sus besos y caricias. Haciendo un esfuerzo le dije

–Tranquilo cuchitín, recuerda nuestro trato.

Observé su ceño fruncido, advertí que no le agradó mi negativa, sin embargo, se calmó y me dio un beso de buenas noches en la frente.

Logramos conciliar el sueño de manera plácida.

A la mañana siguiente, el sol era el gran protagonista. Agradecí a Dios muy temprano que mi esposo estuviera junto a mí, toqué su piel y sentía que mi milagro, el que Dios me había concedido era un milagro tangible. Él continuaba dormido y yo lo contemplaba enamorada. Inicié mi oración a Dios de rodillas allí en mi habitación, agradeciendo su misericordia, su amor y este nuevo día. Al culminar me di cuenta que mi esposo estaba despierto. Me sentí algo incómoda porque no se unió a la oración, pero no emití ningún comentario, para no caer en polémicas, ni discusiones.

–Buenos días–saludé amorosamente– Dios te bendiga.

–Buenos días– amén– respondió.

– ¿Cómo te sientes? – interrogué.

–Bien, debo ir a trabajar, me llevaré a Dilan.

–Ok– voy a hacer desayuno y me prepararé para ir a la iglesia– le comuniqué– ¿quieres ir conmigo?

–No, aun no me siento preparado– contestó evasivamente.

Posterior al desayuno en familia, nos fuimos todos a la iglesia, excepto él. Deseaba que me acompañara, pero aparté esos pensamientos y antepuse mi compromiso con Dios, le di importancia a adorar y agradecer las maravillas a mi Padre Celestial.

Al regresar a casa, después de tomar el almuerzo nos dispusimos a descansar y nuevamente insistió en el reclamo de la intimidad y otra vez, yo me negué.

Nos dormimos. Necesitaba descansar y era un buen momento para hacerlo. Cuando despertó se veía de mejor ánimo. Aproveché para invitarlo a dar un paseo, pero rechazó la idea argumentando que no había dinero, me sobraban argumentos para hacerlo entender que no hacía falta dinero para pasar tiempo en pareja, que el amor y la compañía correcta es suficiente para pasar un momento especial.

En vez de eso, preferí callar y evitar una posible discusión. Nos quedamos en casa viendo televisión, me fue imposible concentrarme en el programa que proyectaban, en ese momento pude sentir la inquietud en mi esposo, percibí su angustia, pero de nuevo ahuyenté esos pensamientos. Sigilosamente él se fue a la terraza y yo lo seguí con la firme idea de confirmar mis sospechas, lo encontré allí ensimismado en su teléfono y quise entablar una conversación aparentemente natural:

- ¿Qué haces?

-Nada- manifestó- viendo fotos en Facebook.

Recordé que él hacía dos semanas había borrado todas nuestras fotos en esa red social y había actualizado su estado civil a soltero.

- ¿Será que puedes volver a subir nuestras fotos al Facebook? – más que una pregunta era una petición de mi parte.

- ¡No empieces! - Exclamó con expresión dura y fría.

-Me parece lo más normal. Si te subiste a este barco, como tú mismo confesaste, todo debería ser como antes- hablé firmemente.

-No empieces, ya te dije – dijo sosteniendo su actitud altiva.

- ¿Te parece mal? - continué incisiva.

Mi esposo se limitó a guardar silencio, apagó el celular y me miró. Para cerrar este episodio le ofrecí jugo y él aceptó. Después de un rato se nos unieron nuestros hijos en la terraza y luego él se fue a la habitación.

Quedé pensativa, porque su conducta y su mirada me confirmaban lo que temía. Algo o alguien lo tenía más que angustiado, desesperado.

No lo seguí, no pregunté nada más, le cedí su espacio y me dediqué a compartir con mis hijos, pero mi mente ya había emprendido una batalla, esas que libramos solo con la ayuda de Dios y que cientos de personas pelean a diario. Al sorprendernos la noche, luego de cumplir con mis responsabilidades de madre y ama de casa, entré a mi habitación y el seguí sumergido en el teléfono.

Como era de esperarse, él insistía en conseguir que cediera ante sus deseos, sin embargo, no pasamos de caricias. Esa noche se marcaba mas su descontento y nos dormimos distantes.

Agradecí a Dios ver la luz de un nuevo día, era lunes, inicio de semana. Abracé a mi esposo y lo besé delicadamente, cuidando no despertarlo, hice mis oraciones, abundaban razones de agradecimiento, tenía mi familia completa, Dios había concedido la petición de mi corazón, me gocé en su presencia. Realicé todas mis labores domésticas con el mejor de los ánimos y nos dispusimos a salir. Mi esposo con Dilan; y yo con los mellizos, para dejarlos en sus colegios y nosotros dirigirnos a nuestros empleos.

Tenía la percepción en este día, que era un día especial, distinto, me sentía privilegiada, meditaba en el orden establecido por Dios en la Biblia, acerca de la figura del hombre como cabeza de familia, cuánta certeza hay en este principio. Debo admitir que lejos de una posición machista, no es casualidad que el hombre haya sido designado por Dios para cumplir un rol importante en un hogar. Mi casa físicamente estaba en decadencia en diversas áreas, desde la partida de mi esposo, porque lo espiritual influye en lo terrenal.

Mi relación con Dios se hacía notoria cada día, mis compañeros de trabajo hacían comentarios de lo resplandeciente que se veía mi rostro. Me complacía, porque estaba consciente de que no era solo la impresión aparente, vibraba todo mi ser, el favor de Dios se había posado sobre mí y se reflejaba a la vista de todos. Desayuné con una colega e hice la llamada a mi esposo, con un poco de temor al inicio, pero después noté su receptividad.

Por la tarde, al regresar a casa evoqué aquellos tiempos en que nuestras vidas eran normales, eran como esta tarde, la alegría de los niños al vernos llegar, el encuentro con mi esposo, lo besé largamente, lo amaba tanto y al mismo tiempo lo deseaba, era normal, sin embargo, le rogaba a Dios que me ayudara a mantenerme firme y fuerte en mi decisión. Organicé la cena y me ocupé de los niños, reflexioné en la idea de que estábamos llevando una vida monótona porque él no quería salir, me incomodó, pero no quería llevarle la contraria.

Este pensamiento no me abandonó y a la mañana siguiente, creo que se acentuó. La rutina no es buena para ninguna relación, mucho menos para mi esposo que venía de una vida agitada. Consideré en mi mente inyectar adrenalina a este día. Me resulto muy graciosa la idea, pero antes de ponerme creativa hice mis oraciones. No descuidaba mi vida espiritual, por el contrario, debía estar siempre preparada para cualquier circunstancia terrenal.

Al salir de la casa, luego de cumplir con todas las responsabilidades matutinas, en el trayecto a dejar los niños, alababa a Dios, su grandeza, era sensible a su presencia, todo mi ser agradecía profundamente las cosas cotidianas, la brisa que acariciaba mi rostro, el azul del cielo, las risas y voces de mis hijos. Sentí la responsabilidad de sembrar esa enseñanza en mis hijos, desarrollar en ellos el agradecimiento a Dios, ver cada uno de sus detalles como un milagro en nuestras vidas; y, sobre todo, que lo conocieran, que sintieran su amor incondicional y que aprendieran a confiar en el Dios que nunca falla y que jamás invalida su pacto.

Mi intención es que ellos comprendieran todo esto sin necesidad de atravesar el dolor o si llegaban a enfrentar una tristeza, tuvieran a qué aferrarse, porque en medio de la prueba devela su plan perfecto. En medio de mis obligaciones laborales llamé a mi esposo, mi corazón se sobresaltaba al escuchar su voz, cada día estaba más enamorada de él, era un amor bueno, él era mi amado.

-Hola mi cuchitín - le dije con voz suave y romántica- ¿cómo estás?

-Hola mi cuchitina- respondió- aquí, trabajando y pensando en ti.

Disfruté esa coincidencia, la empatía entre nosotros aun en la distancia.

- ¡Qué hermoso! - le confesé- estamos iguales.

-Cuéntame- dijo en tono cortante.

Aunque me sorprendió su cambio no me desanimé.

-Quería consultarte si vamos al cine hoy por la noche- dije rápidamente.

-No sé, te aviso después- además agregó-hablamos en la casa.

- Está bien mi cuchitín, te amo- dije enamorada-besos, estoy ansiosa de volver a verte.

-Ok hablamos luego, cuídate- se limitó a decir

Cuando la comunicación telefónica terminó no pude evitar sentirme incómoda, mi intención era acordar una cita con mi esposo, pero su falta de entusiasmo no lo permitió. Decidida, mantuve mi actitud de fe.

Al mediodía fui a casa y almorcé con Dilan, se mostraba feliz o quizás tranquilo de que mi esposo hubiera regresado a casa, pero me hizo un comentario que me inquietó.

-Me parece que él está como raro- lo dijo con mucha cautela y hasta temeroso.

Le resté importancia a la observación y solo atiné a decir.

-Debemos darle tiempo, seguir en oración y confiar que Dios obrará a favor nuestro.

Al regresar a mi trabajo recibí un mensaje a través de Facebook, de la primera mujer que tuvo mi esposo, por la que abandonó mi hogar. Al parecer se había enterado de que había vuelto a casa.

-Hola, buenas tardes, quiero saludarte y decirte que luches por tu esposo, él te ama, y no ha dejado de amarte. Me gustaría hablar contigo.

Releí el mensaje varias veces, quise hacer caso omiso del mismo, bloqueé el teléfono para no leerlo más, pero esta lucha la ganó mi carne y respondí

-Hola, Dios te bendiga ¿cómo estás?

Inmediatamente recibí su respuesta

-Estoy bien gracias a Dios, ¿volviste con tu esposo?

Ante esta interrogante me di cuenta que ella quería tener la certeza de que él estaba conmigo.

- ¿Cuál es tu intención al escribirme? - me limité a preguntar.

-Solo decirte que él siempre te amó. –reiteró.

-Muchas gracias, de eso estoy segura –comenté- lo que no voy a entender jamás es la razón por la que aceptaste ser su amante. Dios no nos ha llamado a eso, es nuestro deber darnos nuestro justo valor, ser la segunda elección de un hombre, no debe ser nuestra opción.

-Jamás fui su amante- enfatizó- viví con su familia, es decir, entré por la puerta grande.

Internamente empecé a orar, era un momento difícil, clamé a Dios por sabiduría, pero noté cuanto había crecido espiritualmente.

- ¡Qué pena! - proseguí- si fuiste su amante, aunque en este momento el dolor te impida reconocerlo, yo nunca dejé de ser su esposa, aun cuando él haya corrido detrás de los deleites de la carne.

- ¿Tu sabes que estoy embarazada de él? - preguntó maliciosamente.

Quedé estupefacta ante semejante revelación, sin embargo, luché por salir airosa de esta contienda verbal y con aparente naturalidad respondí

-No, realmente no sé nada de ese tema.

- ¿Ves? yo le voy a dar un hijo al que tu llamas "mi esposo"- podía percibir su veneno.

- ¿Y él lo sabe? - pregunté desafiante.

- ¡Por supuesto! - respondió de forma contundente- justamente, por eso no quiero volver a verlo, él me envió dinero para practicarme un aborto, pero no lo voy a hacer. Conocí un hombre que me va a apoyar, de hecho, se casará conmigo, quiere a mi hija y a este bebé que viene en camino, al parecer, la de la suerte soy yo.

No lograba salir de mi asombro, de mi desconcierto, aun así, mantuve mi ecuanimidad.

-Hay cosas que no entiendo- dije haciendo un esfuerzo para seguir la conversación - tantas maneras de evitar un embarazo, ¿por qué no tomaste precauciones?

-Él quería que yo le diera un hijo y quise complacerlo.

Cada respuesta de ella me robaba el aliento, no lograba digerir la idea de que mi esposo quería tener un hijo con una mujer de la vida fácil, lo desconocía. Debía cortar esa comunicación, pero continué.

-Bueno, una mujer cuerda no se entrega a un hombre sin protección.

Ella parecía inmune a todos mis comentarios.

-Él fue tan lindo conmigo - siguió relatando - hasta me sacó de ese lugar donde me llevaron engañada.

-De igual manera se conocieron un par de semanas, pero cada quién piensa diferente- alcancé a decir.

Pero esta mujer no había terminado su obra.

-Te contó también que el día de las madres que te llevó en el paseo en la lancha fue porque yo me enfermé, esa sorpresa la había preparado para mí y yo misma le pedí que fuera contigo, para que no perdiera la inversión que había hecho, al fin y al cabo, tú eres la madre de sus hijos.

Era un duro golpe, las lágrimas eran incontenibles, me dolía el corazón, logré salir de la oficina antes de que mis compañeros se dieran cuenta de mi estado. Subí a mi auto y di rienda suelta a mi llanto.

Recordé exactamente ese día de las madres al que ella hizo mención, sostuvimos una acalorada discusión y él se marchó de casa solo y una hora después regresó por mi, todo encajaba en esa versión. Trataba de ordenar las ideas en mi cabeza, pero la tristeza y el dolor me lo imposibilitaban. Ahora lograba entender tantas cosas y todas me afectaban.

Antes de llegar a casa puse alabanzas, oré, lloré, grité, desmantelé toda la aparente calma, necesitaba hacerlo. Logré llegar a casa antes que mi esposo, así que adelanté algunas cosas, me dirigí a la terraza y al revisar el teléfono vi que esa mujer seguía escribiendo y hasta me había llamado. Yo había caído en ese juego peligroso de entablar comunicación con ella.

Continuaba con el relato del día de playa.

-Esa noche después que ustedes fueron de paseo, vino a mi sitio de trabajo y me regaló un celular-narraba- siempre buscando la manera de hacerme sentir única, tan detallista. Disculpa que te lo diga, pero, nadie me hizo sentir como él lo hizo.

En un arrebato de ira y de inmadurez señalé

-A mí me regaló el último modelo de iPhone - apenas lo dije, me sentí estúpida.

-Él sabe que nunca me interesó nada material-continuó- pero eso es pasado. Además, él me engañó con una amiga, me envió a mi país, prometiendo que me ayudaría a regresar y no lo hizo. Se limitó a enviarme dinero para practicarme el aborto, pero como te dije decidí tener a mi hijo y cuidarlo con la ayuda de este hombre que si me ama.

No tuve tiempo de argumentar nada más, mi esposo acababa de llegar, solo se lo hice saber

-Hablamos después, mi esposo acaba de llegar

-No le digas qué hemos estado hablando- me recomendó sagazmente.

Era inevitable sentirme feliz de verlo llegar, *"la mujer sabia edifica su casa"* **(Proverbios 14:1),** esa palabra retumbaba en mi mente y me sostuve en ella para no hacer ningún tipo de reclamo. Me percaté que no guardó el auto y abrigué la esperanza de que iríamos al cine. Su beso de saludo de esta tarde no me parecía tan dulce.

Durante la cena se deshizo en halagos hacia mi sazón. Luego de ella, le recordé lo de la salida al cine, pero dijo que debía trabajar. Me ofrecí a acompañarlo y él aceptó.

Durante el recorrido, el silencio era el protagonista, no podía apartar de mi mente la conversación con esa mujer. Me sobrepuse por un momento y atiné a decir:

- ¿Cómo te fue hoy, algo nuevo que quieras contarme?

- Mucho trabajo, cada vez me dan más responsabilidades, ya me estoy cansando- su tono era áspero.

-Deberías sentirte privilegiado, es un honor sentir que te tienen confianza- le dije. No se pronunció con respecto a mi observación.

-Y a ti, ¿cómo te fue? - me preguntó.

-Muy bien- respondí- fue un día muy fructífero. Guardé silencio y me debatía entre abordar el tema o callarme, pero decidí hablar.

-Necesito decirte algo-empecé diciendo cuidadosamente- no quiero que te sientas agredido, pero quiero ser sincera contigo en todo tiempo.

Creo que no había terminado de hacer la introducción de la conversación cuando exclamó:

- ¡Ay Dios, ya vas a empezar!

Vio fijamente la expresión de mi rostro, él las conocía todas y muy bien.

-Hoy hablé con la chica por la que me dejaste, ella me escribió al Facebook. Te confieso que no pude contenerme y hablé con ella. Me comentó muchas cosas, entre ellas, que está embarazada. ¿Qué sabes de eso?

Noté en su rostro el enojo.

-¿Por qué tienes que hablar con ella? Veo que no has superado esto y creo que haber vuelto a la casa ha sido lo peor que he hecho.

Escuchar lo que decía y ver su actitud me dolía enormemente. Adicionalmente, confirmaba todas mis sospechas sobre su incomodidad de estar con nosotros. Aun así, seguí confrontándolo:

Ella me escribió y yo contesté, estoy dispuesta a mostrarte la conversación. Mencionó el paseo en lancha del día de las madres. ¿Es cierto que me llevaste a mí porque ella se enfermó?

-¿Vas a seguir?- dijo con tono de hastío.

-Responde, creo que merezco una explicación-exigí enérgicamente.

- ¡Esta relación no tiene futuro!-dijo él sin referirse al motivo de la discusión- Nunca debí regresar, será mejor volver a casa de mi mamá.

El dolor no disminuía, pero ya había asumido mi posición de fortaleza y no iba a renunciar a ella. Con toda la calma que pude aparentar agregué.

-Como quieras, solo te advierto que piense muy bien las cosas, porque una vez que salgas de la casa no permitiré que regreses y me perderás para siempre.

-Siempre dices lo mismo- dijo secamente.

Quedé sola en el auto mientras él hacía el trabajo. Volví a comunicarme con la mujer y ella siguió suministrándome información.

-Él está saliendo con mi amiga, ella tiene una hija y su esposo está preso. Es una mujer materialista y no dudará en desecharlo si consigue a otro que pueda darle más dinero.

Seguidamente, me envió una foto de la mujer a la que se refería. Yo le dije que no era la misma que él me había mostrado, incluso le envié la foto.

Se sorprendió mucho y me lo expreso:

-¡Imposible! ¡Esa mosca muerta!, ella era mi amiga también, no puedo creerlo.

Terminé la conversación porque mi esposo venía al auto. Cuando íbamos a casa, le pedí que comprara una pizza, pero accedió a comprar una pequeña argumentando que no tenía suficiente dinero. Retomé la conversación de la mujer, hice énfasis en el embarazo, y le dije que era imposible dejar un asunto tan importante sin discutir.

-Esa mujer está mintiendo-dijo- me informó de su embarazo luego de irse, dijo que necesitaba el dinero porque su vida corría riesgo si no interrumpía su embarazo, incluso, hablé con su mamá quien me confirmó que se practicó el aborto. Ahora seguramente se enteró que volvimos y te está manipulando.

-¡Sucedieron tantas cosas en tan poco tiempo!-dije pensativamente.

Mientras esperábamos por la pizza me miró fijamente a los ojos y dijo:

-Esa mujer está mintiendo.

- No puedo entender por qué le pediste un hijo, por qué preparaste un regalo para ella en el día de las madres, por qué le compraste un celular- dije incontroladamente.

- Definitivamente, esto no puede ser.

El enojo volvió a su rostro y bajó apresuradamente del auto a buscar la pizza.

Aproveché mi soledad para llorar, me daba cuenta que mis heridas estaban abiertas todavía, le preguntaba a Dios cuántas pruebas más debía soportar. Hice un verdadero esfuerzo por reponerme y hasta me maquillé los labios.

Cuando mi esposo regresó al vehículo con la pizza ya estaba calmada, lo traté como si nada hubiera ocurrido y hasta quise morder la pizza, después de hacer una característica expresión de hambre, que solo a mí me queda bien. Estaba caliente y me ocasionó una quemadura en mi labio. Mis ojos volvieron a humedecerse, me preguntaba si era a causa de la pizza caliente o de la tristeza que embargaba mi corazón. Mi esposo me ignoraba por completo y así mismo fue la ruta a casa.

Observar la felicidad en la cara de mis hijos al vernos llegar con la pizza alivió mi corazón, valoraba la bendición de tenerlos. Comimos juntos la pizza, pero mi esposo se retiró a la habitación sin despedirse, apenas terminamos.

Llegué a descansar después de acostar los niños, a pesar de mi posición de no tener relaciones sexuales con mi esposo, quise ponerme sexy para llamar su atención, pero no lo conseguí. Esta noche fue desperdiciada en el orgullo, la rabia y la tristeza. En oración sentí de parte de Dios que nuestro matrimonio no estaba listo para una restauración.

Le clamé a Dios por fuerzas para soportar su ausencia cuando se fuera, sentí paz, *"la **paz que sobrepasa todo entendimiento"(Filipenses 4:7)*** Me quedé dormida plácidamente, no sin antes desearle buenas noches a mi esposo. Al despertar, ya era hábito en mi agradecer a Dios su misericordia, me sorprendí de lo optimista que me sentía a pesar de la situación de mi matrimonio. Mientras hacía mis labores domésticas y maternales, recordé que mi esposo antes me ayudaba a bañar los niños, ahora era distinto solo preguntaba ¿cuándo se bañarán solos?

Solo tenían cuatro años, ellos necesitaban atenciones todavía y mi esposo al desligarse de nosotros, también había dejado de lado sus responsabilidades.

Tampoco reclamé sobre este asunto, me mantuve paciente, me dedicaba a fortalecer mi vida espiritual, para reconstruir los pilares de mi matrimonio, sentía que estaba pagando un precio porque en el pasado me había apartado de Dios.

Me inquietaba la idea de la monotonía en nuestras vidas, pero no le decía a mi esposo para no discutir. Recorrí la escuela de mis hijos al dejarlos esa mañana, iba sonriente y me veían, Dios me había cambiado hasta el semblante, las tinieblas huyen ante la oración de un corazón contristo y humillado, esta vez era diferente, porque no dependía de las circunstancias, si no en aquel que incapaz de mentir, aquel que siempre cumple sus promesas.

Tenia la certeza que mi esposo se iría de la casa, pero perseveraba en oración para que su corazón fuera quebrantado y cambiado; y para que permaneciera junto a nosotros. Sin embargo existe algo superior y es *"la voluntad buena agradable y perfecta de Dios"* *(Romanos 12:2)* esa que a pesar de todo, obra para bien en las personas que le aman.

Esa enseñanza la obtuve de una tía de mi esposo, a pesar de la distancia nos comunicábamos siempre. Me orientaba sobre esto, la oración no solo debe ser por lo que anhelamos sino desarrollar la necesidad de mantener una relación con Dios en obediencia y en esa intimidad Él actúa, fortaleciendo nuestro carácter para aceptar su voluntad.

Al mediodía llamé a mi esposo. Advertí su asombro, él ignoraba que Dios estaba obrando en mi carácter de forma sobrenatural:

-Hola mi cuchitín, ¿cómo va tu día?

_Muy bien, pero hablamos luego, estoy sobre un techo trabajando.

-Está bien, cuídate y piensa en nosotros porque realmente te amamos- le dije.

-Ok- cortante.

Me sorprendía el hecho de expresarle mi amor aun en medio de tanta incertidumbre, pero para qué sirve tener un sentimiento si no lo expresamos. Este razonamiento me hizo tener la firme intención de desarrollar este hábito.

Durante el almuerzo con Dilan, podía percibir la tensión en la casa, no le comenté nada, pero intuía que él sabía que las cosas no marchaban muy bien.

La tarde en mi trabajo transcurrió rápido, estaba ansiosa por llegar a la casa, esperar por mi esposo, recibirlo con besos, con amor, sentir su respiración, quería susurrarle al oído que no importaba el pasado y que hay una oportunidad maravillosa de aprender de los errores.

Como tardó para llegar a casa aproveché de adelantar mis quehaceres y hasta dio tiempo de jugar con los niños. No me preocupaba su retraso, en los últimos días había estado trabajando mucho. Cuando al fin llegó le di un beso largo, profundo, recordarlo aún me sonroja, sin embargo, no recibí el suyo con el mismo entusiasmo, no me importó, mi sonrisa no me abandonó.

Me dijo que estaba cansado, que su jornada de trabajo había sido bajo el sol, después de bañarse comió muy poco, su mirada era esquiva y no pude evitar sentirme abatida cuando me comunicó que debía volver a salir para efectuar otro trabajo.

- ¿Puedo acompañarte? - pregunté.

-No-respondió inmediatamente- es un trabajo rápido.

-Está bien- respondí con aparente naturalidad- aprovecharé de arreglar algunas cosas y te espero despierta.

-Ok- dijo. Les dio un beso a los niños y se marchó.

Terminé mis obligaciones y después de orar con mis hijos les leí un rato.

Fui a la sala y hablé con Dios, necesitaba su presencia para calmar mi desesperación, esa noche declaraba que mi presencia no está en el hombre sino en el Dios Todopoderoso, yo estaba en sus manos y mi esposo también. Fui al cuarto de Dilan a hablar con él, había iniciado estudios en otra escuela y quería saber cómo le iba. Al terminar de compartir un rato con él, me fui a mi habitación y aún no había conciliado el sueño cuando llegó mi esposo. La excusa de su demora era una visita efectuada a su madre.

- ¿Cómo están todos allá? - pregunté superficialmente.

-Están bien- fue su escueta respuesta.

- ¿Cómo te fue en el trabajo que tenías pendiente? - continué.

-No pude hacer nada, no tenía herramientas - respondió con expresión brusca.

Sé acostó y yo hice lo mismo. Su actitud era distante, le pedí un beso y acariciando su pecho me quedé dormida.

Al otro día aproveché la hora de buscar a Dilan en la escuela para entablar una conversación después de saludarlo.

- ¿Cómo te va con Marcelo?

-Normal- respondió.

- ¿De qué hablan cuando te lleva a la escuela en la mañana? - interrogué.

-Casi no hablamos-contestó- casi siempre va escuchando su música.

- ¿Por qué me preguntas eso?- ahora Dilan me preguntaba a mí.

-Por nada, solo curiosidad- dije.

Esto me confirmaba lo que pensaba, algo lo perturbaba, él no estaba con nosotros, algo lo mantenía atado a ese mundo al que había escapado, seguía ligado a esa música, continuaba enredado en ese ambiente.

Libraba una batalla mental fuerte, de manera que la tarde la dediqué a concentrarme absolutamente en mi trabajo, para evitar pensar.

Debía mantener mi mente ocupada, y al regresar a casa esa tarde se me ocurrió la idea de ir a la playa. Llamé a mi esposo por teléfono y le comuniqué mis planes, le dije que nos estábamos preparando y que lo esperaríamos. Inmediatamente dijo que no iría.

Coincidimos en casa antes de salir y nuevamente lo invité; y otra vez rechazó unirse a nosotros. Me asaltó el pensamiento sobre lo extraño que estaba, sin embargo, disfruté el paseo con mis hijos. Fueron dos horas maravillosas.

Estaba acostumbrada a cumplir con todas mis responsabilidades en el hogar, así que al llegar alisté mis hijos para dormir luego de haberlos alimentado y bañado.

Mi esposo estaba absorto en su teléfono, a pesar de eso le pregunté:

- ¿Cómo te fue?

- Muy cansado, hay unos megaproyectos y me exigen trabajar muy duro.

-Qué bueno por la compañía-dije mostrando interés y agregué- descansa, debes recuperar fuerzas, mañana será otro día.

-Si-dijo fríamente. Pensé que me estaba mintiendo, pero al mismo tiempo tuve la esperanza que solo fuera cansancio.

-No me llamaste hoy-dije a manera de observación.

-No tenía saldo, además estaba concentrado en mi trabajo- me dijo- ven dame un abrazo.

Me aproximé y en una maniobra suya yo estaba tendida sobre él, lo abrazaba y besaba apasionadamente, por un momento quería dejarme llevar y disfrutar de él, de sus caricias, sin embargo, pude anteponer mi deseo de ver frutos espirituales en él, sabía que se molestaría, aun así, lo detuve.

- ¿Qué más quieres de mí? - interrogó a manera de reclamo- no comprendo, estoy aquí, no puedes cumplirme como mujer. Yo salgo a la calle y lo que sobra es sexo y en mi casa no puedo tener mi mujer, estás demasiado evangélica. Mejor me duermo, esto no da para más.

–Pero yo…–empecé a hablar

- ¡Duérmete – me interrumpió inmediatamente- ¡Dios te bendiga, feliz noche!

Traté de calmarme y conciliar el sueño, porque no tenía razones para discutir ese tema, era un pacto con Dios y esa noche pude vencer los deseos de mi carne con su ayuda.

Cuando desperté me sentía avergonzada por los acontecimientos de la noche anterior, pero sabía que ese sentir venía del diablo, yo estaba encaminada espiritualmente y entendía que solo buscando fervientemente de Dios iba a salir vencedora. También sabía que mi lucha no era terrenal, ni contra mi esposo, sino contra potestades espirituales en mi contra para derrumbar mi mundo espiritual.

Oré y leí el salmo 42 *"Como el ciervo brama por las corrientes de las aguas, así clama por ti, oh Dios el alma mía"*.

Este primer versículo ministró mi vida de forma especial, me ayudó a entender que no solo se trata de clamar sino de experimentar la necesidad de anhelar la presencia de Dios, comparaba al ser humano con un pájaro, la característica especial de los pájaros son sus alas para volar. Comprendí que vivir apartado de Dios, es cómo ser un pájaro con las alas rotas, no hay posibilidad de emprender, es vivir sin vida. Solo de la mano de Dios podemos ser felices en el espíritu y por consiguiente en lo terrenal. Hoy puedo expresar esto muy fácilmente, pero entenderlo y ponerlo en práctica no lo es.

Me dispuse a iniciar mi día, no era una carga para mí, dedicarme completamente a mi familia, era una manera de demostrarles mi amor, al igual que agradecía a Dios por mi trabajo.

Tenía el firme deseo de preparar una cita con mi esposo, compré una botella de vino con la idea de compartir una copa bajo la luz de la luna. Al mediodía cuando busqué a Dilan aproveché de llamar a Nana Mónica, le pedí que me explicara una receta típica de Colombia conocida como "plátanos melaos", adicionalmente preparé arroz con coco, carne guisada y ensalada verde. Estaba tan entusiasmada por la deliciosa comida que hasta le envié fotos de la misma a mi esposo diciéndole que había cocinado para él y que tenía planes de un paseo juntos bajo la luna esa misma noche. Se mostraba desmotivado e imaginé que continuaba molesto por lo sucedido la noche anterior. De alguna forma hasta lo justifiqué internamente.

Al final de mi jornada laboral fui a casa con planes de ponerme bella para mi esposo, elegiría un vestido hermoso para lucírselo a él. Nuestra cita ocupaba mi mente de forma absoluta. Comprobé que no había llegado y lo esperé.

Pude observarlo afanado, no me miraba a los ojos, sentí temor porque supe que algo andaba mal, acudió a mi mente la frase: Es mas grande el que habita en mí, que el que vive en el mundo y valientemente pregunté:

- ¿Te pasa algo, mi cuchitín?

–Nada– dijo apenas.

- ¿Tienes hambre? - proseguí.

No respondió a mi pregunta.

–Ven a la habitación, necesito decirte algo - dijo.

Me levanté de la silla dónde estaba reunida con mis hijos y me dirigí a la habitación, lo observé sentado en la cama muy serio.

–Cuéntame, ¿para qué soy buena? - pregunté sentándome a su lado.

- ¿Recuerdas que te dije que me iría de la casa porque lo nuestro no funcionaba? - inquirió.

Nuevamente sentí el dolor punzante en mi pecho y mis ojos se llenaron de lágrimas.

-No dijiste que te irías, al contrario, dijiste que te subiste al barco y que jamás volverías a abandonarlo-le recordé aquella frase que una tarde me estremeció y conmovió.

-Ayer te lo dije, pero bueno, no importa, el caso es que me voy-y pidió despreocupadamente- ¿puedes buscarme un bolso para recoger mis cosas?

-No hay problema- le dije- pero puedes decirme ¡por qué te vas, es decir la razón por la que cambiaste de opinión?

Respondió firmemente:

-Me di cuenta que por más que lo intentemos, esta relación no va a funcionar.

Recordé las muchas veces que había dicho eso y entendí que estaba bloqueado mentalmente a un futuro a lado de su familia.

Busqué el bolso y hasta le ayudé a recoger las pocas cosas que quería llevar, porque tenía prisa por irse.

-Si sales de esta casa, espero que sea una decisión definitiva, no permitiré que vuelvas, debes aprender a respetar esta casa y a mí-dije con tono de amargura.

Mostraba su enojo y pensé que era una manera de evitar dar respuestas, aun así, en medio de mi llanto lo confronté:

- ¿Por qué vuelves a hacernos esto? ¿Por qué vuelves a abandonarnos? ¿acaso hay otra persona en tu vida? Necesito saber qué es lo que sucede.

-No pasa nada y no hay nadie, simplemente entendí que lo nuestro terminó para siempre- fue su implacable respuesta.

Enmudecí ante esa revelación, contuve mis deseos de abrazarlo y de pedirle que se quedara, y logré mantenerme fuerte.

-Sírveme la comida que debo irme- me ordenó.

Quedé atónita ante su descaro y le dije fríamente:

-es cierto que preparé especialmente una comida para ti, pero no te la voy a dar.

-Está bien, adiós- lo escuché decir.

No se despidió de los niños y observé el asombro de Dilan ante su partida nuevamente

Me encerré en mi habitación, no tenía fuerzas para ver a Dilan, mis bellos y peor aun ver como se iba, caí de rodillas y solo dije "Todo lo puedo en Cristo que me fortalece" (Filipenses 4:13)y me derrumbé, lloraba con todas mis fuerzas, supe que era necesario aferrarme a Dios porque el enemigo tenía un plan de destrucción sobre mi vida y quería ejecutarlo, me puse de pie con autoridad y dije con voz enérgica:

- ¡No podrás conmigo satanás, porque el que está en mí, es más grande y fuerte que tú, él ya te venció en la cruz del calvario; ¡y no tienes poder ni parte en mi vida, no te lo cedo, esto es solo un empujón que me acercará más a Dios! De este dolor sacaré una gran victoria, cuando damos a luz nuestros hijos atravesamos un proceso donde el dolor va en aumento, pero el pujo es más fuerte que el dolor y finalmente llega el momento del alumbramiento. Exactamente así me siento en este momento, estoy segura de que veré la Gloria de Dios en mi vida, confío en que la razón que por un tiempo me avergonzó, por el cual atravesé las tinieblas, muy pronto será para bendecir mi vida y para todo aquel que escuche mi testimonio.

Me arrodillé otra vez, clamé y desahogué mi dolor a Dios. Era inevitable sentirlo, sin embargo, sabía que mi fortaleza venía de lo alto.

Dilan entró a mi habitación y me conmovió su pregunta con voz tierna y delicada:

- ¿Qué le pasó a Marcelo?

-Decidió irse de nuestras vidas porque no estaba preparado para la bendición de un hogar, es mejor dejarlo tranquilo y que sea la voluntad de Dios en nuestras vidas.

Él también tenía el semblante triste por lo sucedido y por mí. Los niños también entraron a la habitación y me dediqué a abrazarlos y hacerles saber cuanto los amaba.

Cuando se retiraron quedé sola en mi habitación. Después de un rato sonó mi teléfono, era una foto que me enviaba Dilan a través de WhatsApp. En la imagen se observaba a mi esposo en el bar donde conoció su primer amante. Inmediatamente llamé a Dilan insistentemente.

Entró a la habitación con expresión de desánimo.

–Si mami– dijo apenas.

– ¿Puedes explicarme porqué me envías esa foto? ¿Cuándo sucedió eso? ¿Quién tomo la foto? – bombardeé a Dilan a preguntas. Esa foto había despertado mi curiosidad porque mi esposo me había jurado que no había regresado a ese lugar.

–Mami esa foto la tomé yo el día que acompañé a Marcelo a trabajar, luego la borré porque decidí no decirte nada para no preocuparte, hoy la recuperé en el archivo de eliminados y considero que es mejor que lo sepas.

Esta información acrecentó mi dolor y sentí rabia, no toleraba el descaro que había mostrado al llevar a mi hijo a ese lugar, no tenía límites, había perdido su centro y ya nada le importaba. Dilan se retiró cuidadosamente de la habitación.

Logré tranquilizarme, estaba consciente que era la presencia de Dios que estaba obrando, necesitaba estar fuerte espiritualmente para enfrentar el mundo, eso se convirtió en mi objetivo a corto plazo.

Seguidamente recibí un mensaje de texto de la hermana de Marcelo, mi cuñada, donde me pedía que la buscara en su trabajo para luego ir a la iglesia. Me levanté, me lavé la cara y sin arreglarme mucho salí a buscarla y antes de ir a la iglesia fuimos por sus hijas.

En el trayecto vi a mi esposo, estaba arreglado, pensé en que se dirigía al bar de sus amigas y sentí rabia por las veces que rechazó salir con nosotros y ahora si tenía tiempo, ánimo y dinero para salir. Mi cuñada lo vio y dijo:

-Mira, ahí va Marcelo.

-Sí, ya lo vi- dije- ¿sabes que volvió a irse de casa? Nuevamente nos abandonó.

-No, no sabía -dijo ella apenada- ¿cuándo sucedió?

-Hoy, hace un rato-contesté- mira, volvió a la calle, lo que tanto extrañaba.

-Bueno Kathy, solo Dios puede cambiarlo- dijo ella.

- ¡Amén! - exclamé.

Como todos los viernes tenemos una concentración juvenil en la iglesia de Dios, ubicada en Curacao, en la calle de Oostjongbloed No.22.

Al llegar saludamos rápidamente y casi de inmediato comenzó el servicio.

Esta noche predicaba un joven, quien dio inicio a su intervención dando su testimonio. Detalló los abusos sexuales que había sufrido desde niño hasta la adolescencia, específicamente desde los cinco hasta los trece años y relató que cuando conoció a Jesús, él curó cada una de sus heridas. Mientras él hablaba mi corazón era confrontado por Dios.

Había un área de mi vida que hasta ese momento había permanecido intocable, luchaba contra mis lágrimas, pero al fin caí de rodillas ahogada en llanto. Posiblemente todos pensarían que mi aflicción era causada por el abandono de mi esposo, nadie imaginaba que en ese momento yo me estaba enfrentando a un episodio triste de mi pasado, hasta ahora nadie sabía que a los 13 años fui abusada sexualmente, me di cuenta que esa herida permanecía abierta y dolía demasiado.

Este momento estaba planeado por Dios para darme liberación. Me mostraba su amor tan sutilmente, por años sentí tanto temor de enfrentar ese amargo recuerdo, y opte por esconderlo, y hoy quería perdonar a mi madre, porque cuando todo sucedió acudí a ella y no me creyó, eso generó en mi rabia y desprecio hacia ella. Hoy era libre de esos bajos sentimientos, Dios se encargó de poner en mi corazón un nuevo amor por ella, también perdoné a la persona que robó mi inocencia y hasta la fecha le ruego a mi Padre, para que encuentre el camino, la verdad y la vida. Espiritualmente estaba atada y Dios en su infinita misericordia me reveló que la falta de perdón es un arma que él enemigo usa para robar nuestras bendiciones.

Nuestro propósito principal es amar a Dios y eso conlleva obedecerle, implica también amar a las personas que nos hacen daño, demostrar que podemos ser luz en medio de la oscuridad. Comprendí que esta era una oportunidad de parte de Dios para ascender a nuevos niveles espirituales, era un privilegio porque a pesar de todo lo que me sucedía percibía la victoria de la mano de Dios.

La unción del espíritu santo se derramó de manera sorprendente, especial y diferente y al finalizar el servicio sentía paz y felicidad, peor no cualquier felicidad, la obra estaba hecha, mi corazón estaba dispuesto al perdón y al amor, aun cuando la persona a la que perdonemos no muestre arrepentimiento, porque el perdón se manifiesta cuando se supera la amargura del corazón.

El predicador se acercó a mí; y me abrazó tiernamente. Lloré en su hombro largamente en silencio y él me dio una palabra de parte de Dios.

- "Tranquila hija, he visto tu corazón, he visto tus aflicciones y sé que hoy has dado un paso para empezar a ver mis bendiciones en tu vida, no pierdas tu dirección, porque YO JEHOVÁ, estoy contigo".

Estas palabras sellaron esta gran noche, llenándome de regocijo, eran la confirmación de que estaba bien encaminada, hasta llegué a olvidar que mi esposo se había ido. Me enfoqué en apreciar lo que tenía en mi vida.

Me dirigí a mi casa luego de llevar a mi cuñada a su casa, mis hijos estaban dormidos, tomé un baño y dormí tranquilamente.

A la mañana siguiente, di mis primicias a Dios en oración, era sábado y debía asistir a mi trabajo, pero antes terminé de recoger todas las pertenencias de mi esposo. Salí con la convicción de que Dios estaba conmigo, fortalecida y firme en la palabra, a él le había entregado mis cargas y preocupaciones. Ya no importaba quién se iba o se quedaba, Dios nunca me desampararía.

En mi lugar de trabajo nadie sospechó que nuevamente mi esposo se había ido. Mi actitud de fe estaba por encima de esa situación.

Regresé a casa temprano, ansiosa por ver a mis hijos, algo hambrienta. Dilan me informó que mi esposo había estado en la casa y al ver sus cosas empaquetadas decidió llevárselas. Por un instante la tristeza volvió a asomarse porque abrigaba la remota esperanza de que eso no sucediera, pero deseché toda aflicción y preferí escuchar alabanzas.

Empecé a preparar el almuerzo y los niños me preguntaban por su papá, decidí explicarles qué estaba trabajando mucho y que al mismo tiempo debería cuidar la casa de la abuela. Sabía que no estaba bien mentirles, pero también debía tener en cuenta que a esa edad hay asuntos difíciles y tristes de hacer entender. Este era otro de los motivos para escribir este libro, dejar constancia de los sucesos hasta el día que pueda hablar con ellos de manera transparente.

Después del almuerzo jugué con mis hijos, vi a Dilan un poco pensativo y me preocupó su edad para atravesar por tantas cosas a mi lado, había visto mi sufrimiento, sabía que veía a mí esposo como su padre y su abandono le afectaba. Reflexioné en ello, pero me percaté que en él pasado yo no tenía una relación con Dios, asumía una actitud egoísta, ahora era distinto, estaba más receptiva, ya no me enfocaba en el problema, sino en la solución.

Al caer la tarde nos sumergimos en jugar fuera de la casa, me resultaba gracioso ver a Dilan ponerse al nivel de sus hermanos y aunque yo también lo intentaba, me era difícil. Terminé sudando y despeinada, pero con una sonrisa en mi rostro.

Luego de bañarnos salimos a comprar pizza y la comimos en casa viendo una película en familia y para cerrar este hermoso día, mis hijos se volcaron de amor sobre mí. Me repetían "te amo" una y otra vez, me apretaban las mejillas. Medité en el tiempo que les había dedicado, la importancia para la formación y desarrollo de su personalidad; y la manera como ellos me retribuían. Centré mi atención en Dilan, desde los cinco años escuchando Palabra de Dios, ya se había convertido en un joven con madurez y temor de Dios, vino a mi mente la Palabra *"Instruye al niño en sus caminos, y aun cuando fuere viejo nunca se apartará de él"* *(Prov. 22:6)*. Había sembrado en su vida amor y responsabilidad, lo bendigo a diario, en el Nombre de Jesús. Tengo la certeza de que será un excelente esposo y Dios bendecirá su vida con una esposa creyente, temerosa de Jehová.

Disertaba mentalmente en temas de autoridad espiritual, muchas situaciones que nos acaecen son producto de la ignorancia de las escrituras, de desconocer que ya Jesucristo nos entregó poderío para arrebatar nuestras bendiciones en el mundo espiritual, también es cuestión de dominar la carne y no sucumbir ante sus deseos, es un precio que pocos están dispuestos a pagar. Cundo el tiempo de la cosecha llegue el que haya sembrado carne, cosechará muerte, pero el que haya cultivado en el espíritu cosechará vida en abundancia.

Mis hijos durmieron conmigo esa noche, desperté algo cansada por la falta de costumbre. Me fui a la sala a hacer mis oraciones matutinas, podía sentir la presencia del Espíritu Santo y en esa oportunidad fui favorecida por Dios al bautizarme en el Espíritu, a través del don de lenguas angelicales. Fue una experiencia maravillosa, donde mi voluntad era dulcemente vulnerada por el Espíritu de Dios.

Era domingo y fuimos juntos a la iglesia después de desayunar. Al culminar el servicio compartimos un rato con los hermanos y luego nos fuimos a un parque de diversiones. Me sentía aliviada porque los niños no habían vuelto a preguntar por su padre. Cuando llegamos a la casa todos estábamos demasiado cansados y el sueño nos dominó, no sin antes agradecer a Dios por sus bendiciones.

Iniciaba una nueva semana, me sentía animada, plena y con ambiciones de salir adelante en todos los sentidos, mi prioridad era avanzar en el plano espiritual, sabía que no era nada fácil, pero contaba con la ayuda de Dios.

Decidí llamar a mi esposo desde mi lugar de trabajo, pero no contestó. Recordé que tenía otra línea y lo llamé a esa, para mi sorpresa contestó una mujer:

–Aló…

–¿Puedo hablar con mi esposo?– alcancé a decir. Pero inmediatamente la mujer colgó la llamada. Me causo risa esa posición y le escribí a mi esposo al WhatsApp. Cuando contestó el mensaje lo llamé de inmediato y le comenté lo ocurrido. Se excusó diciendo que le había prestado la sim card a una amiga de su hermana. Fui directa al decirle:

–No te creo, esto termina aquí.

Días después aceptó que se trataba de "una puta más", palabras textuales usadas por él.

De esta manera transcurría el tiempo, entre las obligaciones domésticas y laborales. Cuando escaseaban mis fuerzas Dios me sostenía, cada mañana me fortalecía y podía sentir la convicción que cada lágrima derramada en su presencia no sería en vano. Opté por refugiarme más tiempo en la búsqueda de Dios. Inicié una serie de ayunos parciales los días de semana y el ayuno completo los domingos, mi objetivo era ascender espiritualmente.

Descubrí una nueva familia, la familia de la fe, mis hermanos. Estaban pendiente de mí, me ayudaban y cada semana me llamaban a ver cómo estaba. Por el contrario, mi esposo no llamaba ni siquiera para saber de sus hijos, entendí que en su agenda no había lugar para ellos, me entristecía pensar en eso, pero no dejaba que la congoja se instalara en mi vida, había aprendido que una vez adentro, causa estragos.

Cerraba cada puerta que el diablo intentaba abrir para hundirme en la depresión. Recordaba el sueño que había tenido donde Dios me advertía el peligro de mi matrimonio y por falta de sabiduría lo ignoré. Lamentablemente busqué armas que le dieron autoridad de mi vida a satanás por un breve momento hundiéndome en la oscuridad, como fue la brujería.

Asistí a un servicio de la iglesia del día martes y había un predicador invitado, algo poco común en esos días. Después de la predicación se inició la ministración, se sentía el derramamiento del espíritu en el lugar. Estaba extasiada en ese ambiente cuando escuché al predicador preguntar que si había una persona casada en ese momento, permanecí con mis ojos cerrados, pero al escuchar la interrogante de nuevo los abrí y para mi sorpresa él se dirigía a mí y le respondí:

-Si.

- Tranquila- me dijo- el Señor ha escuchado tus súplicas y te dice que él ocasionará algo para que tu esposo se vuelva a sus caminos y vendrá a esta iglesia, pero no hagas nada sin su dirección, espera en Él.

Me sentía privilegiada porque entre todos los hermanos, Dios había enviado su palabra para mí en esta hora. No salía de mi asombro y el llanto era incontenible. Podía experimentar que cada oración y cada lágrima obtiene la respuesta de Dios. Valoraba enormemente este episodio no por el hecho de que me prometiera Dios el regreso de mi esposo, era algo superior, yo estaba conectada con Él y envió un emisario a anunciarlo.

Llegué a casa entusiasmada y se lo conté a Dilan, oramos de rodilla y tuve la convicción de que lo mejor estaba por llegar a nuestras vidas.

Yo había considerado la idea del divorcio, pero a raíz de esta Palabra execré esos pensamientos y decidí obedecer a Dios pacientemente.

Mi cumpleaños se aproximaba y Dilan cada día daba más signos de madurez. En una oportunidad se me acercó y me dijo:

–Mamá estoy hablando con Marcelo, me pregunta qué quieres de regalo de cumpleaños.

Me tomó por sorpresa esa noticia y me fue imposible esconder mi mirada de mujer enamorada.

- ¿Hablas en serio? ¿Te hizo esa pregunta? - le interrogué.

-Si mamá- contestó.

-Bueno dile que un reloj- pensé por un momento y cambié de opinión- mejor un blue jeans…o no, mejor una biblia.

-Decídete mamá- dijo Dilan impacientemente.

-Dile que la Biblia y el reloj- le indiqué. Dilan se mostró tranquilo después de mi elección, sin saber la profundidad del significado de estos obsequios, la Biblia palabra de Dios, donde encontramos sus promesas plasmada para nosotros, el reloj, lo usamos para saber la hora y así planificar, y mi mensaje oculto para el, es que cada segundo, minuto y hora que el reloj marca jamas regresa.

Mi esposo todavía mostraba interés por mí, se interesaba por complacerme, me agradó pensar en eso.

Una tarde mi esposo vino a casa a traer el dinero, para los gastos, estaba siendo puntual, gracias a Dios, una batalla ganada en intimidad con Dios.

Me llamó a la habitación y me dio el dinero. Al observar que faltaba, le recordé que para cubrir los gastos de la casa se hacía insuficiente. Evadió el tema. Aproveché para preguntarle:

- ¿Qué has pensado acerca de nosotros?

- tú sabes en lo que estoy, dame un mes más- fue su respuesta.

Incliné la cabeza mostrando mi decepción.

- ¡Increíble! - exclamé- ¿y tu anillo de matrimonio?

-Olvídalo- dijo cortante.

- Debes estar más pendiente de los niños, pasar más tiempo con ellos, necesitan de ti, me han expresado su deseo de que los busques en la escuela.

-Ok trataré- fue su vacío comentario.

Se retiró de mi casa sin siquiera abrazar a sus hijos, me resultó extraño, pero mantuve la calma.

Pensé detenidamente en sus palabras. Me había pedido un mes más para continuar su vida de soltero, a mí, a su esposa y madre de sus hijos. Realmente estaba mal. No le importaba herirme. En ese momento me confronté ¿estaría dispuesta a esperar por él? Opté por mantenerme tranquila, por refugiarme en la paz de Dios, la paz duradera y real. Continuaba con la confianza puesta en Dios, sabiendo que toda obra para bien en la vida de las personas que le aman y le sirven.

Durante dos semanas Dilan se quedó trabajando en la biblioteca de la escuela, luego de sus clases con el fin de hacerme un regalo de cumpleaños.

Me dijo que no le pagarían mucho pero que ese era su deseo. Mi corazón se llenó de alegría al ver su sacrificio, sentía que Dios estaba usando a mi hijo como un hermoso instrumento de bendición, fácilmente él hubiera podido apegarse a la vanidad de un chico de su edad y destinar ese dinero para comprarse algo para él, sin embargo, el decidió mostrarme en ese gesto, su gran amor. Mi emoción era tan grande que se lo conté a todos mis colegas.

Mi cumpleaños es el 19 de septiembre y a Dilan le retrasaron el pago para fin de mes. Afligido me dio la noticia y yo hasta bromeé con el tema. También me confesó que mi esposo nunca le había consultado sobre mis posibles regalos, que él había usado esa estrategia para sorprenderme. Esta revelación me conmovió, lo abracé dulcemente y luego a solas lloré. Agradecí a Dios por mi hijo maravilloso, estaba perpleja ante su ingenio.

Medité en el rol de madre, no es nada fácil. El mundo vende la idea de que no hay manual para ejercerlo, nada más falso. En la Biblia están las instrucciones para llevar nuestra vida desde todas las perspectivas, pero es necesario escudriñar, buscar sabiduría. Hoy Dilan me retribuía el tiempo que yo había empleado en él, el amor que le había dado, a tan corta edad era una tremenda bendición, que muy pocas madres disfrutamos.

Me puse creativa e inventé mentalmente un cuestionario.

¿Estás dando tiempo de calidad a tus hijos? Tiempo de calidad, no incluye que sean muchas horas, pero si mucha dedicación, atención, se hace necesario realizarnos una autoevaluación de cuán cálida estamos siendo con nuestros hijos, me atrevo a asegurarte que será tiempo que ellos guardaran en sus memorias, y atesoraran en sus corazones.

¿Estás dándoles amor obligatorio a tus hijos? Debemos amarlos de una manera espontánea y en todo, no darles como si estuviéramos cumpliendo con un horario de visitas o con la manutención u obligación requerida para cada hijo, que no se convierta en un deber.

¿Te estas esforzando amorosamente por tus hijos? Cada esfuerzo que demos para aportar a su desarrollo, no debe ser un sacrificio a nuestra rutina diaria de vida, ellos deben ser parte de nuestras vidas, sin necesidad de ser una carga para nosotros, de esta manera lograremos que ellos lo percibirán, como un acto de amor y no una obligación.

El día de mi cumpleaños fui gratamente sorprendida, porque el primer mensaje era de mi esposo:

- "Feliz cumpleaños, que Dios te bendiga, que tengas un lindo día junto a tus seres queridos".

Inmediatamente le respondí.

-Muchas gracias.

-De nada- continuó el interesado- ¿qué planes tienes para hoy?

-Trabajar y luego compartir en la iglesia un rato- fue mi respuesta

- ¿Puedo invitarte a cenar? - preguntó en tono suave.

- ¡Encantada! pero luego de la iglesia - aclaré.

-Perfecto- convino él- ¿a qué horas?

-A las 8:30 pm- contesté.

- Te agradeceré que tú me busques porque no tengo auto ¿qué te gustaría que te diera de regalo? - la pregunta me hizo feliz, no por el significado material, sino por su interés en complacerme.

-No tengo problema en buscarte- sugerí- me gustaría una Biblia de regalo.

-Estás segura de que quieres una Biblia- su tono era de incredulidad.

-Si- dije con voz suave, pero firme.

-¿Dónde puedo comprarla?-sondeó.

Le indiqué detalladamente la dirección de la librería cristiana y prometió comprarla durante el día para entregármela al vernos. De esta manera surgió una cita entre nosotros, sin muchos preámbulos ni formalismos. No me importaba recibir otros buenos deseos a causa de mi cumpleaños, mi esposo y su gesto era todo lo que necesitaba para ser feliz, me sentía como una adolescente enamorada, anhelaba que llegara la hora verlo. Durante su ausencia entendí que Dios tiene el maravilloso poder de convertir una gran tormenta en un bello arcoíris, se trataba de resistir, de conceder el tiempo prudente para sanar de todas las heridas.

Recibir la llamada de mi mamá también fue muy importante, este año, luego de muchos, podía hablar con ella con el corazón libre de rencor y amargura, gracias a la transformación que Dios había hecho en mí. Fue una conversación fresca y amena, donde hubo risas y bromas y hasta cambio de pañales virtuales.

Tampoco faltaron las comunicaciones entre mi hermana y mi nana Mónica. Era un día distinto, por momentos extrañaba la presencia permanente de mi esposo, sobre todo en este día, pero alejaba esas reflexiones dándole el infinito valor al hecho de que nadie era más importante que Dios en la existencia de una persona.

Esa mañana compartí un desayuno con mis colegas más cercanos. Poco a poco había crecido una bonita amistad con una compañera y gratamente me sorprendió con unos hermosos zapatos como regalo. Almorcé en compañía de mis hijos en casa, luego de buscarlos en la escuela y les conté todo sobre mi día.

Mi teléfono no paraba de sonar, recibí numerosas llamadas de personas de las que había estado desconectada hacía tiempo. A mi llegada esa tarde a la casa después del trabajo, fui sorprendida por una torta y me cantaron cumpleaños por quinta vez ese día. Mientras me preparaba para ir a la iglesia recibí una llamada de un cliente de un supermercado que, además de felicitarme, me obsequiaba una torta. Decidí llevarla a la iglesia acompañada de galletas y helados para compartirla con mis hermanos, donde sobraron las muestras de afecto.

La hora de mi cita se aproximaba y yo estaba cada vez más ansiosa, llegué a casa, acosté los niños, retoqué mi maquillaje y me apliqué un poco más de perfume, mis manos estaban temblorosas cuando sonó mi teléfono, él quería comprobar si nos veríamos a lo que respondí que iba saliendo a buscarlo. Salí de mi casa literalmente huyendo, tenía una prisa enorme por verlo. Me estacioné frente a la casa de mi suegra y lo vi salir, lo aprecié lentamente, lo encontraba muy atractivo, deseaba besarlo, pero al subir al auto, esquivé su beso en mis labios y le ofrecí mi mejilla.

-¿Qué quieres comer?- preguntó atentamente.

Recordé lo complaciente que siempre había sido y dije:

-Escoge tú el lugar.

-Está bien- aceptó- vamos a Texas a la Parrilla.

Inexplicablemente sentí vergüenza de que nos vieran juntos en un sitio público, después de tanta inestabilidad mostrada en nuestra relación. Reaccioné de forma rápida y dije:

-Mejor vamos a Burger King.

-Yo no tengo ningún problema, quería llevarte a un sitio mejor, pero iremos adonde tú quieras- expresó en tono gentil.

Mientras nos dirigíamos al lugar, podía sentir su mirada penetrante lo que ocasionaba que mis manos sudaran y aumentaba mi nerviosismo.

- ¿Cómo estuvo tu día? -preguntó después de observarme un buen tiempo.

-Excelente, gracias a Dios- respondí con dulzura.

- ¿Muchos regalos? - la pregunta tenía un tono perspicaz.

-Algunos –dije sinceramente- Dios me ha sorprendido.

-No pude comprarte la Biblia porque no tengo auto - se excusó.

- Tranquilo, yo la espero- dije con voz comprensiva.

-Estás muy bonita-declaró.

Sentí calor en mi rostro, el sobresalto en mi corazón y atiné a decir:

-Gracias- seguidamente empecé a reírme a causa de los nervios.

- ¿Por qué te ríes?- preguntó sonriendo de manera encantadora.

-Por tu cumplido- dije tratando de recuperar el aplomo.

-No le veo la gracia, pero está bien – dijo un poco más serio.

Al arribar al lugar que yo había escogido para comer, mi esposo me sugirió estacionar el auto para bajarnos a comer, pero nuevamente sentí rechazo hacia la idea de que algún conocido pudiera vernos. De manera que le indiqué que hiciéramos la compra por la ventana y comiéramos dentro del auto. Observé su expresión de asombro y me manifestó que le parecía extraño. Yo me excusé diciendo que prefería la privacidad.

Aunque no tenía mucha hambre comí toda mi hamburguesa, disfrutaba verlo comer a él, aunque en ese momento experimenté un sentimiento extraño, no deseaba ser besada ni tocada por ese hombre, solo quería que conversáramos. El silencio se prolongaba y con voz cortante pregunté:

- ¿Nos vamos?

-Si- estuvo de acuerdo.

Encendí el auto y cuando íbamos llegando a su casa me dijo:

-Vamos para tu casa.

Me desagradó su expresión. No se refería a nuestra casa, sino a mi casa.

- ¡No! - exclamé decidida- mejor te quedas en casa de tu mamá.

-Vamos a tu casa y cerramos de manera especial esta noche, hacemos el amor y tomamos algo- decía tocando mi entrepierna.

Esa actitud lejos de seducirme, aumentaba mi rechazo e hizo que mantuviera mi posición en despedirme de él.

- ¡Por supuesto que no! - dije enérgica.

No estaba dispuesto a darse por vencido y continuó:

-Vamos a recordar que hace seis años hicimos el amor por primera vez, no te hagas rogar.

- Definitivamente, estás loco. No te has dado cuenta que no soy mujer de una noche.

Pensé erradamente que el episodio había culminado, pero cuando llegamos al destino y le pedí que bajara del auto me pidió que habláramos un rato y yo accedí.

No articuló palabra, insistió en su juego de seducción. Tocaba mi pierna y comenzó a subir su mano hasta mis partes íntimas. Cuando estaba a punto de llegar, detuve fuertemente su mano y le dije:

-Qué pena contigo, pero ahora soy evangélica, y lo soy en serio.

- ¡Ese es tú gran problema! - exclamó con desprecio- ahora eres demasiado evangélica.

-¡Sí lo soy!- declaré con total convicción- y no pienso retroceder. Más bien te aconsejo que busques de Dios. Sólo Él puede llenar el vacío de tu vida, ese vacío que has tratado de llenar con mujeres, alcohol y sexo.

-Sí, lo sé- aceptó con mirada de fastidio.

-No esperes a qué suceda una tragedia, ten cuidado, no juegues con fuego- seguí orientándolo.

-Sería bueno quedar ciego- dijo a manera de broma y riendo a carcajadas-así no vería más mujeres.

Escuchar lo que decía me estremeció porque no mostraba ningún vestigio de temor de Dios, me di cuenta que no estaba consciente de lo que declaraba.

-Bueno, bájate del auto que me voy- le ordené.

-No, aun no- se negó- vamos a mi cuarto, todavía eres mi esposa y tengo derechos sobre ti.

Solo sacaba el vínculo matrimonial cuando le convenía.

-Estás loco, a ese cuarto traes todas tus mujeres, ¡no te da vergüenza con tu mamá? - le confronté.

Lejos de deponer su conducta descarada respondió:

–Por lo menos, a ti te conoce.

Se acercó lentamente y empezó a besarme, yo correspondí intensamente, pero no tardó en retornar la sensación de aversión que había iniciado hacía unos minutos. Sentí asco al pensar en la cantidad de mujeres que había besado y que les había hecho sexo oral. Interrumpí abruptamente ese momento, él quedó sorprendido y cuando intentó volver a besarme esquivé mi cara.

Me abrazó y yo me recosté en su pecho con muchas ganas de llorar, estaba triste y él insistía en tocarme. Supe en ese momento que solo quería tomarme para tener sexo y luego desecharme, pero dejé de lado la tristeza, asumí mi papel de hija del rey, donde ningún hombre puede vulnerar mi voluntad sin que yo se lo permita y le ordené que se bajara de mi auto porque deseaba irme a mi casa.

Cincuenta y cinco minutos duró la cita que soñé en mi mente todo el día. Fue un encuentro revelador, donde comprendí que no pertenecemos al mismo mundo y que sus intenciones de proseguir con su vida de soltero estaban intactas. Se bajó del auto y yo emprendí mi regreso, cantaba alabanzas, acababa de dejar atrás el hombre que amaba, pero la decepción de esta noche no era superada por la manifestación de la voluntad de Dios en mi vida.

Le relaté a Dilan lo que mi pudor de mujer me permitía, no quise narrar las bajas intenciones de mi esposo, me fui a dormir con una sonrisa de agradecimiento a Dios, porque, aunque las cosas no habían resultado como yo esperaba, confiaba en que nada escapaba de su control.

En los días sucesivos el panorama no presentó variaciones, yo seguía buscando incesantemente de Dios a través de mis oraciones, de mis ayunos y del altar que levantaba en mi casa cada lunes. Estaba decidida a luchar por mi matrimonio en el plano espiritual. Curiosamente ya no me afectaba que fuera tan despreocupado en cuanto a la atención a sus hijos, ni siquiera recordaba la última vez que habíamos hablado. Mi tiempo y pensamientos tenían a Dios como prioridad, reposaba en la palabra *"más buscad primeramente el Reino de Dios y su justicia y todas las demás cosas te serán añadidas"*.

Tiempo después de mi cumpleaños, Sarah, mi hija, presentó una fiebre muy alta, logré controlarla en un inicio, pero cuando era cerca de medianoche nuevamente se elevó a 39,5 grados. Luego de intentar infructuosamente, en casa, hacer descender esa temperatura tan riesgosa, el médico me indicó que debía comprar unos medicamentos. Como era martes, quise llamar a mi esposo, porque consideré una irresponsabilidad ir a la farmacia y dejar a la niña en casa en el estado en que se encontraba.

Contestó la llamada en medio de una música estridente y risas de mujeres, le expliqué detenidamente la situación y además le indiqué las farmacias donde había ubicado previamente los medicamento por internet. Su respuesta fue escueta:

-Voy a ver qué hago.

No puedo negar que me llenó de indignación comodidad y le reclamé:

- ¿Puedes o no? Nunca respondió, la comunicación se cortó y llamé dos veces más, pero él no contestó las llamadas. No me quedaban opciones, abrigué mi hija y la llevé conmigo a buscar las medicinas, seguí vigilante de su estado hasta la madrugada.

Dormí muy poco y me levanté agotada y a la mañana siguiente me reporté en mi trabajo para solicitar dos horas de permiso para llevar a Sarah a la consulta. Allí me emitieron una orden de laboratorio para realizarle unos exámenes. Otra vez pensé en Su padre, mi esposo y volví a pedirle ayuda.

-Buenos días- empecé diciendo- estoy con la niña y nos dirigimos al laboratorio, le tomarán unas muestras de sangre, ¿será que puedes ayudarme a sostenerla? Es su primera vez.

-No puedo, estoy trabajando- respondió fríamente.

-Increíble- le reproché - es tu hija, está enferma. Anoche no pudiste dejar tus amigas, por lo menos hoy puedes estar presente.

- Ya te dije que no puedo- dijo con tono inconmovible.

La conversación terminó y yo cumplí cabalmente como madre. Acudí a mi trabajo después de dejar a Sarah en casa, al cuidado de Dilan. Buscaba ocuparme y escapar de esta cruda realidad que había quedado al descubierto, volví a llorar inconsolablemente esa tarde, porque me dolía la despreocupación y el desapego de mi esposo, me costaba asimilar el cambio que mostraba, siempre fue un hombre atento, un padre abnegado, pendiente de todos los detalles de su hogar y de su familia, ahora más que nunca necesitaba aferrarme a Dios.

Nunca llamó para ver la evolución de salud de Sarah, solo envió un mensaje. Me tomé el tiempo para culminar mis tareas diarias y al final le expliqué con lujo de detalles toda la situación, pero otra vez noté la manera superficial con que asumía todo al recibir un mensaje con un escueto "Ok" como respuesta. Fue muy difícil y triste concebir que no éramos factor de preocupación en su vida, que no estábamos incluidos en su lista de prioridades y que debía adoptar otra estrategia para avanzar en mi camino espiritual.

A partir de esos acontecimientos cambié el rumbo de mis oraciones, porque hasta ese momento siempre le pedía a Dios que quitara la venda espiritual del adulterio de sus ojos, con la firme esperanza de que mi esposo regresara sinceramente arrepentido y mi matrimonio fuera restaurado.

Profundicé en el tema de la voluntad de Dios y concluí que era la vía correcta, en definitiva, Él sabe lo que anhelamos, somos nosotros los que en diversas ocasiones evadimos el hecho de aceptar su voluntad. Disertaba mentalmente en este asunto, cuando recordé la Palabra que el predicador me había ministrado de parte de Dios y comprendí que, en su interminable bondad, Dios siempre quiere lo mejor para sus hijos y brinda maravillosas oportunidades. Una de ellas se la había ofrecido a mi esposo, porque esa palabra también era para él, pero por perseguir los placeres del mundo, las despreciaba.

Servir a Dios es un estilo de vida y como tal, te sobreviene pruebas, bien lo advirtió Jesucristo *"el mundo tendrán aflicción, pero tranquilos, yo he vencido al mundo"(Juan 16:33)* yo no era la excepción. Estaba atravesando una fuerte situación económica, pero el diablo no descansa el diablo, conoce tus necesidades y la solución fácil que me presentó fue un hombre que repentinamente apareció y me ofrecía una mensualidad muy tentativa a cambio de ser su amante.

Debo admitir que en mi carne estuve tentada a claudicar, sin embargo, ese hecho se convirtió en mi bendición al permitirme manifestar y reflejar que soy una auténtica hija de Dios y hasta la fecha nunca me he arrepentido de haber rechazado esa baja propuesta, porque Dios nunca ha dejado de proveerme.

Mi cambio en la apariencia personal era visible, me inscribí en un gimnasio y empecé a correr por las mañanas, aunque físicamente me veía mejor, emocionalmente necesitaba realizar otra actividad, porque estaba extenuada. Recibí con emoción la noticia de que, en mi iglesia estaban organizando un retiro espiritual en una casa de playa. No contaba con el dinero suficiente para asistir, pero no escatimé recursos para la obra de Dios. Se lo comuniqué a Dilan y aprovechando las vacaciones fuimos todos. Esta distracción nos hacía tanta falta.

Al principio estaba predispuesta con el comportamiento de los niños durante el retiro, pero afortunadamente, observé que ya no dependían tanto de mí, y aunque pensar en esto me ocasionó algo de nostalgia, agradecí a Dios por ellos y por su desarrollo, además los hermanos me ayudaron en todo momento. Llegué a sentirme tan relajada al salir de la rutina, disfruté al máximo ese paseo, coseché grandes amistades, y cada oración avivaba el fuego de Dios en mí.

Fue durante esta actividad que cruzó por mi mente la palabra divorcio, pero no como un instrumento a intimidar, sino como un acto determinante en mi vida, pero antes debía ser obediente y pedir confirmación de parte de Dios para iniciar ese trámite.

Era agradable retornar a la casa con las fuerzas renovadas. Tenía en mis oraciones un nuevo propósito, pedir a Dios que me confirmara mi idea sobre el divorcio. En el pasado no consultaba a Dios sobre ninguna decisión importante y muchas fueron erradas, lo que me ocasionó consecuencias muy tristes.

Después de una semana de estar clamando, desperté muy inquieta una mañana. Aunque era mi horario habitual para hacerlo. Me dirigí a la sala y cuando empecé mi oración recordé un sueño que había tenido. En ese sueño yo le rogaba entre lágrimas a mi esposo para que se quedara a mi lado:

-Vuelve conmigo, te necesito, te amo. No me importa lo que hiciste, solo te pido que busques de Dios y vuelvas a tu hogar. -Tranquila, nuestro matrimonio no funciona, sigue con tu vida- expresó de manera firme y contundente.

Así terminaba el sueño y sentí que era la respuesta de Dios a mi clamor. Continué orando en medio del llanto durante un rato y al finalizar, puse alabanzas y estaba agradeciendo a Dios cuando recibí un mensaje de mi esposo diciendo que había soñado conmigo. No pude contener mi curiosidad y le pedí que me relatara su sueño:

-Estábamos en Curazao y se aproximaba una tormenta, estaban haciendo refugios y yo me dirigí a uno de ellos. Allí me encontré contigo, te veías tranquila y muy feliz junto a los niños y tu nueva pareja. Sentí tristeza y justamente en ese instante lamenté haberte perdido.

Mientras hablaba escuché atentamente todo lo que decía, pero infortunadamente no pude percibir arrepentimiento ni deseos de restauración detrás de sus palabras.

Le comuniqué que hacía días estaba en oración pidiendo confirmación de Dios para proceder con el divorcio, guardó silencio por un rato y luego preguntó:

- ¿Qué piensas hacer?

-Iniciar el divorcio- respondí.

- No creo que haya necesidad de divorciarnos- dijo- si permanecemos casados, podemos optar por comprar una casa en el futuro.

-Un matrimonio no debe tener como base la conveniencia- hablé tajantemente- Si Dios quiere entregarme una casa lo hará a su manera, no a tu conveniencia.

--Entiendo…pero ¿el divorcio perjudica mi legalidad en la isla? - preguntó con preocupación.

Hasta ese momento su legalidad dependía del vínculo matrimonial, debido a que soy ciudadana holandesa, razón que le confiere el derecho de vivir y trabajar en la isla.

-No sé, es cuestión de investigar.

-Está bien.

La conversación terminó, nunca preguntó por sus hijos, lo único que le le ocupaba era su permanencia legal en Curacao. Yo estaba impresionada ante la respuesta clara y directa de Dios, sin necesidad de hacer uso de intermediarios y al mismo tiempo a los dos. Mientras conducía a dejar a Dilan a la escuela hablé de manera sencilla y sincera con él, hice mención del sueño y de la conversación con Marcelo. Después de escuchar atenta mente me preguntó:

- ¿Lo dejarás ilegal?

- No sé.

Ese mismo día, destiné mi hora de descanso en el trabajo para investigar el procedimiento que debía cumplir para la introducción del divorcio, aunque se veía fácil, no lo era, los costos para la contratación de un abogado eran muy altos, la tarifa mínima establecida era mil dólares, de manera que consideré la posibilidad de conseguir uno del gobierno, sin embargo, se me ocurrió una mejor idea.

Realicé una llamada de teléfono al padre de Dilan, mi ex-esposo y le pregunté si conservaba el documento de divorcio nuestro. La respuesta fue afirmativa, unos días después me lo envió vía correo electrónico, de forma que pude usarlo como formato, redactarlo con mis datos y los de Marcelo y luego de la colaboración de una colega que lo supervisó, busqué la firma de mi esposo, le coloqué los requisitos que exigían adicionalmente y lo llevé ante el tribunal a presentarlo.

Había tomado la iniciativa de gestionar yo misma mi divorcio y eso me llenaba de orgullo, le hacía bien a mi autoestima y hasta me resultaba gracioso ese hecho. No puedo dejar de hacer referencia al buen trato que recibí de parte de las mujeres que laboraban en el tribunal, sin embargo, en ese momento no fue posible que tomaran mi petición a causa de la falta de un recaudo de mi esposo. Lo llamé para informarle lo que había pasado y a la vez le pedí que hiciera gestiones para que me entregara el papel. Su respuesta no me sorprendió.

–Yo no tengo tiempo para eso.

No había dejado de mostrarse públicamente con mujeres, y seguía con su vida de desenfreno y diversión, aprovechándose del lazo matrimonial para desenvolverse en la isla. Analicé concienzudamente mi matrimonio, un año cinco meses había durado y mi esposo nos había abandonado detrás de los deleites de la carne, sentí la injusticia de permanecer atada a una persona teniendo en cuenta que solo representaba un negocio para él.

No iba a rendirme hasta lograr lo que me había propuesto, así que, planifiqué bien mi tiempo de trabajo y personalmente hice la diligencia del requisito que faltaba. Cuando me lo entregaron volví a imprimir la petición con la fecha actualizada y busqué a Marcelo para que la firmara. Nos vimos en una bomba de gasolina, porque ambos estábamos cerca, bajó de su auto y se acercó al mío

—Buenos días— saludó.

—Buenos días— le respondí— ¿Cómo estás?

—Bien— dijo apresurado— dame el papel para firmar, veo que tienes urgencia porque tienes otra persona en tu vida.

Me produjo indignación escucharlo:

—Toma y firma aquí—le indiqué y además añadí— considero que eres un descarado, tú conoces perfectamente los motivos de este divorcio, no fue mi capricho, tú fuiste el causante y aunque no te debo explicaciones te informo que no estoy con nadie y permaneceré sola mientras estemos casados.

—Ok— expresó sin mostrar importancia.

-¿Cuándo me darás el dinero por los gastos del divorcio, tomando en cuenta que te exoneré de pagar a un abogado, porque todo lo hice yo?

-Ahora no tengo dinero, tienes que esperar hasta fin de mes.

Firmó el documento, se le veía expresión de contrariedad y bajó del auto, sin preguntar por sus hijos. Apenas se despidió cuando recordé que me faltaba aire en una llanta y lo llamé para solicitar su ayuda. En el pasado siempre había sido cortés y atento, pero en esta oportunidad quedé perpleja ante su réplica.

Ese día, luego de solucionar lo de las llantas y llorar por la arremetida de Marcelo, me propuse no derramar una lágrima por él nunca más. De ahora en adelante mis lágrimas sería para Dios, para entregárselas mientras me rendía en su presencia.

El 1° de noviembre del año 2016, hice al fin, la introducción del divorcio, por ser de mutuo acuerdo, se estableció inmediatamente la cuota alimentaria para los hijos menores, se emitió una constancia y en un tiempo prudencial se expedirá el acta de divorcio definitiva, pero desde ya, me sentía divorciada. Era ineludible pensar en la manera como termina una unión matrimonial, la edificación de un hogar, después de tantos esfuerzos compartidos, del nacimiento de unos hijos y todo por la debilidad de carácter y la prisa por correr a los placeres que ofrece el mundo, los que llevan a vergüenza y perdición. Vino a mi mente Marcelo y la oportunidad que tuve de recordarle el plan de salvación que Dios tenía para él, precisamente el día de mi cumpleaños; y su vacía respuesta "Si, lo sé".

El tiempo transcurría inexorablemente, el trabajo en la iglesia no disminuía, yo me incorporé al ministerio de niños y juventud. Con motivo del montaje en la iglesia de una obra de teatro donde participarían mis hijos, le envié un mensaje a Marcelo. La oveja perdida era el título de la obra, Marcelo confirmó asistencia, pero canceló el mismo día. Desconocía por qué me seguía sorprendiendo su falta de compromiso, sin embargo, disfruté a plenitud el trabajo de los niños.

Todavía me afectaba su manera ligera en lo que refería al trato de los niños, me esforzaba por enmendar sus errores y cubrir sus faltas delante de ellos, nunca sembré en ellos una mala imagen de él. Ellos no eran culpables de sus errores, ni de nuestras diferencias.

–Mamá, ¿por qué papá ya no duerme contigo? La pregunta la hizo nuestro hijo y quedé desconcertada, pero tuve una rápida capacidad de reacción y respondí rápidamente:

–Porque está cuidando la casa de la abuela.

No pusieron objeción nunca a esa excusa, porque lo habían visitado en casa de su madre y sabían que su ropa estaba allá, lo que validaba mi respuesta.

Dios seguía obrando en mí; su palabra me sustentaba, la relación con Él me mantenía firme y de pie. Cada día extrañaba menos a Marcelo, ya no me dolía su ausencia.

En ocasiones se agolpaban los recuerdos en mi mente del día que nos enteramos que seríamos padres, sus promesas de nunca dejar de velar por nosotros y su posición actual de distanciamiento de los niños. Rechazaba todo lo que me inquietaba y ocupaba mis pensamientos con la Palabra de Dios, al fin y al cabo, es quien merece toda la Gloria y la Honra. Además, prefería refugiarme en la fe y perseverar en oración por Marcelo para que Dios pusiera en su corazón amor por sus hijos.

Continuaba en mi crecimiento espiritual, estaba enfocada en un escalón más alto, justamente donde aprendería a depender enteramente de Dios, donde no había diseños de planes secundarios. Tenía la certeza de que, mientras más demandara la presencia de Dios en mi vida, mayores serían las pruebas y tentaciones, porque *"el diablo anda como león rugiente buscando a quién devorar"* (1Pedro 5:8). Estaba dispuesta a pagar el precio, se no sería nada fácil, pero no conseguiría romper mi comunión con el autor y consumador de la vida.

La audiencia del divorcio frente al juez había sido programada para el 17 de enero, la noticia la recibí una mañana en vísperas de navidad. Cuando llamé a Marcelo ya estaba enterado y noté su tranquilidad. Yo también lo estaba, no perdí mi gozo, sobraban razones para mantenerlo, Dios me sostenía y me respaldaba como una mujer independiente.

En los últimos seis años las navidades habían sido motivo de alegría y unión para nuestra familia, pensar en eso hizo que sintiera un gran vacío por la ausencia de Marcelo, sin embargo, coloqué algunos adornos y recreé un ambiente festivo para alegría de mis hijos. No quería que ellos sintieran el abandono físico de sus padres, cooperaba en no romper el diagrama familiar establecido por Dios, así que planifiqué algunas actividades adicionales para compartir con mis hijos en su período vacacional.

Era normal que en esta época aumentara mi ritmo de trabajo, pero podía alternar mis funciones perfectamente con las responsabilidades habituales.

Recuerdo puntualmente que uno de esos días, Marcelo pasó por mi casa y después de verla decorada, emitió un comentario que no pasó desapercibido para mí:

–¿Qué paso aquí? Veo la casa como vacía, como si algo faltara.

Guardé silencio, tenía varias réplicas a ese comentario, pero no había mejor opción que permanecer callada. Si hubiera abierto mi boca le habría dicho "Faltas tú, tu presencia de hombre, esposo, padre, amigo".

Una mañana al despertar acudió a mi mente el recuerdo de Marcelo, tenía una sensación de angustia, inicié mis oraciones del día y una inquietud me empujaba a persistir en la oración por él, obedecí a Dios, porque no era bueno lo que sentía.

Durante el día le envié un mensaje para saber de él:

–Hola Marcelo, ¿cómo estás?

–Bien ¿y tú?

–Bendecida, quería saber de ti. Esta mañana estuve orando por ti.

–Gracias…

–Algo malo viene para tu vida – declaré abiertamente.

Escuché sus carcajadas al tiempo que exclamó:

– ¿Profeta o será lo que tú me deseas?

–Jamás desearía nada malo para ti, eres el padre de mis hijos y fui muy feliz a tu lado.

–Ok

De esta forma terminó la conexión. No esperaba saber de él tan pronto, pero dos días después recibí su llamada telefónica:

-Kathy, buenos días- me dijo- ¿será que puedes buscarme en mi trabajo? Tuve un problema y me quitaron el vehículo.

-En treinta minutos te busco- respondí pasivamente.

-Ok.

Precisamente este día estaba realizando un proyecto en una escuela en compañía de un colega. No podía buscarlo, sin embargo, la angustia que percibí en su voz me hizo reconsiderar y buscar la manera de apoyarlo en ese momento. Me dirigí con mi compañero de trabajo, luego de ofrecerle una disculpa por ayudar a mi ex en horas laborales y lo encontré en las afueras de su sitio de trabajo, con una caja en sus manos una gran tristeza cubría su rostro.

Sentí un impulso de abrazarlo, pero me reprimí por la presencia de mi colega. En el trayecto a casa de su madre hablamos poco y al llegar me pidió que me bajara para hablar conmigo:

-Kathy, no me quites la firma, renuncié a mi trabajo, no puedo quedar ilegal en este momento

No me fue posible controlar el tema sarcástico cuando le pregunté:

-¿Es lo único que te preocupa, o mejor re-formulo esta interrogante, ¿es lo único que te interesa de mí?

118

-Puedes hacer lo que te dé la gana- fue su agresiva respuesta y se le notaba bastante alterado.

Me fui a retomar las responsabilidades de mi trabajo.

Durante mi descanso del mediodía lo llamé y de nuevo me pidió que lo buscara. Cuando nos encontramos pudimos hablar abiertamente de su problema. La renuncia había sido casi forzada a causa de su comportamiento en la compañía. En varias ocasiones asistió al trabajo en estado de ebriedad, otras veces se ausentó con falsas excusas y era probable que esta situación se hubiera suscitado también por el robo a unas herramientas en su camioneta luego de romperle un vidrio. Todo lo anterior generó una discusión donde Marcelo se alteró hasta perder el control y sus jefes adoptaron esta medida.

Mientras me exponía el asunto, aprecié su semblante triste, su voz temblorosa. Creí que era el momento justo para recordarle lo conversado dos días antes.

-Te dije que algo malo venía para tu vida y te burlaste. Debes agradecer a Dios que sucedió algo peor, trata de disminuir el consumo de alcohol y abandonar esa vida desastrosa. Te estás desgastando en todos los sentidos, estás haciendo mal uso de los recursos, ese dinero no lo recuperarás. Eres una persona inteligente, con un potencial enorme y debes valora eso.

Me escuchaba atentamente y pude ver la vergüenza reflejada en sus ojos. Cuando lo dejé en su casa me fui a buscar los niños y una vez más resentí el hecho de que no se ofreció a acompañarme a verlos ni a quedarse con ellos después del almuerzo y una vez más miré al cielo y esperé en Dios para que hiciera la obra en él, porque en medio de toda su tormenta no daba muestras de arrepentimiento.

Su problema desencadenó consecuencias y una de ellas fue que no podía darme dinero para la alimentación, ni para la ropa de los niños, mucho menos los juguetes de navidad. Asumí sin reclamarle nada todos los gastos.

Conversé con Dilan y le referí todo lo sucedido. Me causó admiración observar los buenos sentimientos de mi hijo al conmoverse por Marcelo y además decidió buscar un trabajo de empacador en un supermercado. No estaba de acuerdo con su idea, porque yo deseaba que se dedicara exclusivamente a sus estudios, sin embargo, mis finanzas no me permitían cumplir todos sus caprichos.

Consideré la opción y después de orar, yo misma indagué sobre el mejor lugar para que trabajara. Conocía muchas personas en esa área y aprovechando esas relaciones elegí un sitio que se veía estricto. Me pareció conveniente para la formación de su carácter.

El único impedimento era la edad y Dilan cumpliría en enero dieciséis años, de manera que debía espera para iniciar.

Haciendo un balance me había convertido en una mujer feliz a pesar de la ruptura en mi matrimonio, mis heridas estaban sanado, lo comprobé en la conversación con Marcelo, me permití verlo directamente a los ojos sin resentimientos, le brindé ayuda a través de mis consejos, no le guardaba ningún tipo de rencor por su abandono, hasta pude experimentar dolor por su situación, porque en definitiva él ha escogido transitar el camino fácil, el camino que lleva a la perdición, el único sentimiento que guardaba mi corazón hacia él era cariño y hoy me había sido revelado.

De igual manera sigo con la firme convicción de que Dios enviará ángeles terrenales que le hablen de su palabra para que pueda abrir su corazón fervorosamente.

No lo culpo a él exclusivamente del divorcio, la culpa es de ambos. Yo no era una mujer sabia, ni actué como tal durante el matrimonio. Yo no había rendido mi vida y mi voluntad a Dios, no poseía las armas espirituales que se necesitan para pelear la buena batalla de la fe, eso también lo entendía ya. No estoy llamada a juzgar ni condenar a nadie, si Dios en su majestuosidad no hace excepción de personas ¿Quién soy yo para hacerlo? No hay pecado grande ni pequeño, aceptar la Gracia de Dios es abrir una puerta al futuro y dejar todo atrás, emprender una nueva vida porque Él no hace nuevas criaturas.

Al inicio creí que había perdonado a mi ex, pero con el tempo entendí que perdonar tiene un significado muy amplio, es una decisión, pero también es un proceso de sanación y liberación, es amarlo aun cuando no se arrepienta del daño causado y es privilegio sentirlo.

En mi opinión, un divorcio jamás debe formar parte de las opciones de un matrimonio. En mis reflexiones he comprendido que no podía hacer uso de una sabiduría que no poseía. Para dar tan importante paso jamás consultamos a Dios, simplemente nos dejamos dirigir por la carne. Muy humildemente recomiendo a las personas que están en etapa de noviazgo que oren y pidan confirmación a Dios con respecto a la pareja que escogerán para compartir su vida, solo de esa manera se establece la certeza de un matrimonio exitoso.

Faltando muy poco para la celebrar la navidad, lo único que faltaba en mi mesa para la cena eran hallacas y pan de jamón. Dios no deja de sorprendernos y cuida cada uno de los detalles de sus hijos. Me sorprendió gratamente ver llegar con estos alimentos a una colega, debo admitir que no la esperaba, aunque ha nacido una hermosa amistad entre ambas, porque fue una persona especial conmigo desde que comenzó mi proceso. Esta amiga fue el instrumento que Dios usó para completar mi cena navideña y mostrarme su bondad.

Por la noche llevé los niños a un parque de diversiones y de regreso cenamos juntos, y con Dilan asistí a la cena de juventud de la iglesia, compartí con mi familia, como un solo cuerpo en Cristo Jesús.

Al otro día era navidad, los niños estaban felices con sus regalos, hasta Dilan recibió el suyo. Allí estábamos los cuatro compartiendo, con la certeza de qué vendrían tiempos mejores, de que un futuro de esperanzas era nuestro, lo mejor estaba por llegar, son parte de las promesas de Dios para sus hijos.

Esperé hasta mediodía por la llamada de Marcelo para saber de sus hijos y al no recibirla lo llamé:

Buenos días, feliz navidad ¿cómo estás?

-Bien- y aclaró- anoche no hice nada, me dormí temprano ¿y los niños?

-Están bien- le dije y agregué- jugando con los regalos.

-Ok, ¿le compraste regalos? - preguntó sorprendido.

-Claro que sí, hice un esfuerzo, pero lo logré- expresé con satisfacción.

-Ok- su expresión de costumbre.

- ¿Verás a los niños hoy? - le consulté.

-Si- respondió sin emoción- tráelos después de almuerzo.

-Está bien.

Cuando los niños almorzaron conduje hasta su casa. Cuando nos vio no podía ocultar su cara de enojado y así lo manifestó:

- ¿Cuál es tu afán de traer los niños tan rápido?

Me desagradó su poca receptividad y le dije:

-No tengo ningún afán, sólo quiero que ellos compartan contigo.

Al llegar a mi casa me di cuenta que me había enviado una nota de voz, donde reafirmaba su hostilidad:

-Pensé que los traerías en la noche, no entiendo tu afán, ¿a qué horas los vienes a buscar?

No le respondí, pero requerí de un esfuerzo supremo para apartar la molestia que esto me causó, porque otra vez comprobaba que no quería asumir su rol de padre.

Tenía un compromiso en la iglesia y no iba a dejar de cumplirlo. Ayudé en la decoración de un drama sobre el nacimiento de Jesús que se presentaría el 25 y 26 de diciembre. Mi estadía en la iglesia se prolongó y a las 8:30 Marcelo empezó a llamar insistentemente para entregarme los niños. Le pedí 20 minutos y cuando llegué a casa el estaba esperando, lo saludé desde lejos y se marchó inmediatamente.

Los niños estaban tan felices y activos que esa noche tuve que hacer un gran esfuerzo para que se durmieran.

Al día siguiente, aunque era laborable no había tanta presión, era cuestión de reorganizar los clientes y prepararse para fin de año. Me sentí una mujer privilegiada, después de nueve meses de esa dura prueba, mi estado espiritual y físico mostraba evidencias de un gran cambio, había recuperado ocho kg que había perdido en menos de un mes a causa del sufrimiento, mi autoestima estaba de vuelta, por un momento lo había perdido.

El amanecer del 31 de diciembre me desperté gozosa. Sobraban motivos para agradecer a Dios. Fui a mi trabajo y estaba tan resplandeciente que mis compañeros me hicieron sonrojar por todos sus cumplidos.

Tuve la oportunidad de compartir con algunos de ellos durante el día y aproveché para expresarle mis palabras de agradecimiento por cada palabra de ánimo que me habían dado.

También visité mis clientes más importantes, les agradecí la fidelidad a la compañía y les reiteré la disposición de elevar la calidad del servicio para el año que estaba por comenzar.

Al regresar a la oficina, me despedí de mis colegas y les deseé un feliz año. Me fui ansiosa a mi casa a compartir con los regalos que Dios en su inmenso amor por mí, me entregó, mis hijos, ellos son el símbolo de mi inspiración terrenal. Sus abrazos, sus besos y sus "te extrañamos mami" cada tarde constituyen la fuerza que me impulsa cada día.

Este fin de año era distinto, mi cena sería en la iglesia con mis hermanos, con mi familia de la fe. Mi anhelo era cerrar esta temporada en el lugar donde aprendí muchas cosas, entre ellas a valorarme como mujer, como hija, como madre y como futura esposa.

Hoy soy una mujer divorciada, pero estoy convencida de que no lo seré para siempre, no le pido un hombre a Dios, más bien mi petición es que Él me ayude a convertirme en una excelente mujer para ese hombre que Él ya escogió para mí.

Terminaba un año y era el momento de emprender una nueva temporada en mi vida. Lo que en el pasado me avergonzó durante muchos días, a Dios le plació convertirlo en bendición y en hermoso testimonio para compartirlo con mis lectores. Aquello a lo que un día me aferré, me quitó valor y llenó de oscuridad mi vida, Dios lo desechó, las tinieblas huyeron y su presencia resplandece en mí. Soy una sobreviviente de ese gran fuego y no por mis fuerzas, si no por el inmenso amor de Dios por la humanidad.

Y así finalmente fui **RESTAURADA,** fui extraída de las cenizas para contemplar su gloria. A Dios, mi Padre Celestial sea toda la Gloria y la Honra, por todos los siglos, Amén.

El día 7 de enero de 2017 asistimos puntualmente a la audiencia fijada por los tribunales. En la sala de espera, Marcelo se acercó a mí y me dijo unas palabras que nunca olvidaré:

- "Gracias por ayudarme a ser el hombre responsable y profesional soy, eres una mujer maravillosa y una excelente madre. Nunca dejaré de amarte y de agradecerte. He perdido mi norte, pero sé que algún día con la ayuda de Dios me levantaré".

Esa declaración produjo en mí, un dulce sabor, pude discerní que su proceso de restauración aún no había iniciado, porque aun no reconocía la gran necesidad de Dios en su vida, además entendí que yo he ganado en todos los sentidos.

FIN......

CPSIA information can be obtained
at www.ICGtesting.com
Printed in the USA
BVHW040938040122
625439BV00015B/633